Sport im Fernsehen

Studien zum deutschen und europäischen Medienrecht

herausgegeben von Dieter Dörr

mit Unterstützung der Dr. Feldbausch Stiftung

Bd. 8

PETER LANG

Frankfurt am Main · Berlin · Bern · Bruxelles · New York · Oxford · Wien

Dieter Dörr

Sport im Fernsehen

Die Funktionen des
öffentlich-rechtlichen Rundfunks
bei der Sportberichterstattung

PETER LANG
Europäischer Verlag der Wissenschaften

Die Deutsche Bibliothek - CIP-Einheitsaufnahme

Dörr, Dieter:

Sport im Fernsehen : die Funktionen des öffentlich-rechtlichen
Rundfunks bei der Sportberichterstattung / Dieter Dörr. -
Frankfurt am Main ; Berlin ; Bern ; Bruxelles ; New York ;
Oxford ; Wien : Lang, 2000
   (Studien zum deutschen und europäischen Medienrecht ;
   Bd. 8)
   ISBN 3-631-37387-2

Gedruckt auf alterungsbeständigem,
säurefreiem Papier.

ISSN 1438-4981
ISBN 3-631-37387-2
© Peter Lang GmbH
Europäischer Verlag der Wissenschaften
Frankfurt am Main 2000
Alle Rechte vorbehalten.

Printed in Germany 1 2 4 5 6 7

VORWORT

Die Sportberichterstattung im Fernsehen ist Gegenstand zahlreicher Diskussionen in den vergangenen Jahren. Dabei spielen sowohl medienpolitische Interessen als auch juristische Fragestellungen eine Rolle, wie beispielsweise die Auseinandersetzungen um das Kurzberichterstattungsrecht oder die Verlagerung der Übertragung von Großveranstaltungen ins Pay-TV zeigen.

In diesen Kanon gehört auch die oft gehörte Klage der sogenannten Randsportarten, dass sie - im Gegensatz zu den „Publikumsrennern" Fußball, Formel 1 und Boxen - im Fernsehen kaum Beachtung fänden, obwohl sie ebenfalls eine Aufgabe mit gesellschaftlicher Relevanz und großem öffentlichen Interesse übernähmen. Gerade deshalb wird die Forderung laut, der öffentlich-rechtliche Rundfunk müsse - um seiner besonderen Funktion gerecht zu werden - den Sport in seiner ganzen Bandbreite stärker als bisher bei seiner Berichterstattung berücksichtigen. In diesem Zusammenhang hat mich der Deutsche Sportbund gebeten, die umstrittene Frage, ob und inwieweit der öffentlich-rechtliche Rundfunk zur Sportberichterstattung verpflichtet ist, zu klären. Der vorliegenden Veröffentlichung liegt dieses Gutachten von 1998 zugrunde, bei dessen Durchsicht und Endkorrektur mein wissenschaftlicher Mitarbeiter *Mark D. Cole* mir sehr geholfen hat und das jetzt aktualisiert und um einige neue Aspekte ergänzt worden ist.

Das Thema „Sport im Fernsehen" wird auch weiterhin im Gespräch bleiben. Insoweit würde es mich freuen, wenn dieser Beitrag der Diskussion neue Impulse gibt, und ich lade zu Anmerkungen ein, die der interessierte Leser wie bei allen Bänden der Studien zum deutschen und europäischen Medienrecht an folgende Adresse senden kann:

Mainzer Medieninstitut - Kaiserstr. 32 - 55116 Mainz
Tel.: 06131 / 1449250 - Fax: 06131 / 1449260
kommentare@mainzer-medieninstitut.de

Mein besonderer Dank gilt den wissenschaftlichen Mitarbeitern des Mainzer Medieninstituts, *Nicole Zorn* und *Viktor Janik* für die große Hilfe bei der Überarbeitung des Gutachtens unter Berücksichtigung der neuesten Entwicklungen und der aktuellen Literatur. Die Vorbereitung der Druckfassung übernahm *Maja Flugel* und die Geschäftsführerin *Birgit Harz*, die Erfassung des Manuskripts erfolgte in bewährter Manier durch *Elke Kindgen-Bauer*.

Mainz, im August 2000   Dieter Dörr

INHALTSVERZEICHNIS

I. Einleitung

Die Frage, welche Rolle dem öffentlich-rechtlichen Rundfunk bei der Sportberichterstattung zukommt, ist von hoher Aktualität. Im Mittelpunkt der Diskussion stehen dabei meist die Probleme der besonders zuschauerattraktiven
Sportarten wie Fußball, Formel 1, Boxen und mit Abstrichen Tennis. Hierbei
werden etwa die Zugangsrechte der privaten und öffentlich-rechtlichen Rundfunkveranstalter sowie die Problematik der Exklusivrechte und Ähnliches erörtert, wobei insbesondere die Frage, ob wichtige Ereignisse exklusiv im Pay-
TV übertragen werden dürfen, eine Rolle spielt. Bei den nachfolgenden
Überlegungen geht es aber darum, inwieweit der öffentlich-rechtliche Rundfunk berechtigt und auch verpflichtet ist, über den Sport in seiner gesamten
Bandbreite zu berichten. Dies betrifft einmal die unterschiedlichen Sportarten,
zum anderen geht es um die Breite des Sportspektrums, etwa Freizeitsport,
Frauensport, Behindertensport und Sportpolitik. Schließlich muss die Frage
ausgelotet werden, ob der öffentlich-rechtliche Rundfunk gehalten ist, im
Sinne des klassischen Programmauftrags in einer bestimmten Art und Weise
über den Sport zu berichten und damit ein umfassendes Bild der Sportwirklichkeit zu vermitteln.

Um diese Problematik einer Klärung zuführen zu können, ist auf die Funktionen des öffentlich-rechtlichen Rundfunks in der dualen Rundfunkordnung im
allgemeinen einzugehen. Es steht nämlich fest, dass dem öffentlich-
rechtlichen Rundfunk in der dualen Rundfunkordnung der Bundesrepublik
Deutschland eine besondere Aufgabe zukommt, um die umfassende Information der Bürger nicht zuletzt im Interesse einer funktionsfähigen Demokratie
zu gewährleisten. Dieser besondere Funktionsauftrag des öffentlich-rechtlichen Rundfunks ist sodann auf den Sportbereich zu konkretisieren. Dabei
muss insbesondere herausgearbeitet werden, ob und inwieweit der öffentlich-
rechtliche Rundfunk im Bereich des Sports zur umfassenden, ausgewogenen
und vielfältigen Berichterstattung verpflichtet ist, da der Sport ganz unbestritten einen wichtigen Teil des gesellschaftlichen Lebens und auch der Kultur in einem weiter verstandenen Sinne ausmacht. Nicht aus dem Auge verlieren darf man in diesem Zusammenhang auch den Bezug zwischen dem Funktionsbereich und der Finanzierung des öffentlich-rechtlichen Rundfunks. Auszuloten ist auch, ob den Pflichten des öffentlich-rechtlichen Rundfunks

Rechte der Bürger oder der gesellschaftlichen Gruppen gegenüberstehen, insoweit dass bestimmte Themenbereiche in die Berichterstattung aufgenommen werden. Hierbei ist aber insbesondere die Programmautonomie, die einen essentiellen Bestandteil der Rundfunkfreiheit des Art. 5 Abs. 1 Satz 2 GG bildet, hinreichend zu beachten.

All dies macht deutlich, dass es nicht zuletzt im Interesse des öffentlich-rechtlichen Rundfunks notwendig ist, seine Rolle bei der umfassenden Sportberichterstattung zu klären. Kommen dem öffentlich-rechtlichen Rundfunk nämlich bei der Sportberichterstattung spezielle Funktionen zu, ist dies eine weitere Legitimationsgrundlage für seine Gebührenfinanzierung und seine weiterbestehende starke Rolle im dualen System.

II. Die Rolle des öffentlich-rechtlichen Rundfunks im dualen System

1. Allgemeines

Die Rolle und die Aufgaben eines plural organisierten öffentlich-rechtlichen Rundfunks sind maßgeblich durch die Rechtsprechung des Bundesverfassungsgerichts geprägt, die insbesondere in den mittlerweile acht „Rundfunkurteilen" ihren Niederschlag gefunden hat.[1]

Ausgangspunkt des vom Bundesverfassungsgericht geprägten Verständnisses der Rundfunkfreiheit ist zunächst das Grundrecht auf freie Meinungsäußerung und die Informationsfreiheit des Art. 5 Abs. 1 GG. Insbesondere im Zusammenhang mit dem Demokratieprinzip kommt diesen Grundrechten besondere Bedeutung zu, da die freie Meinungsäußerung notwendig ist, um eine demokratische Gesellschaft als freie zu erhalten.[2]

Damit der Meinungsbildungsprozess jedes Einzelnen gelingt, stehen ihm über die Informationsfreiheit des Art. 5 Abs. 1 GG allgemein zugängliche Quellen offen, aus denen er sich unterrichten kann. Es geht also darum, den demokratischen Bürgern die Möglichkeit zu eröffnen, ihre Teilhabe am Staat in umfassender Weise durch Information vorzubereiten und eigenständig durch Meinungsbeiträge auszugestalten und somit den Willensbildungsprozess anderer zu beeinflussen.

In diesem Prozess demokratischer Willensbildung kommt dem Rundfunk die Aufgabe als „Medium und Faktor" zu. Er muss also den Empfängern der Sendungen ein ausgewogenes Bild der in der Gesellschaft vertretenen Meinungen darbieten und dabei deren Vielfalt in der gesamten Breite und Voll-

---

[1] *BVerfGE* 12, 205 ff. - Fernsehurteil; 31, 314 ff. - Mehrwertsteuer-Urteil; 57, 295 ff. - FRAG-Urteil; 73, 118 ff. - Niedersachsen-Entscheidung; 74, 297 ff. - Baden-Württemberg-Entscheidung; 83, 238 ff. - Nordrhein-Westfalen-Entscheidung; 87, 181 ff. - Hessen-Drei-Beschluss; 90, 60 ff. – Gebührenurteil.

[2] So zutreffend *Mahrenholz*, Die gesellschaftliche Bedeutung des öffentlich-rechtlichen Rundfunks, ZUM 1995, 508, 509.

ständigkeit zum Ausdruck kommen lassen.[3] Denn auch der Rundfunk ist eine allgemein zugängliche Informationsquelle im Sinne des Art. 5 Abs. 1 Satz 1 GG. Als Medium im Meinungsbildungsprozess vermittelt er Meinungen und Informationen vom Absender zum Empfänger. Als Faktor hingegen trägt der Rundfunk z.B. durch Meinungsinterpretationen selbst dazu bei, die öffentliche Diskussion in Gang zu bringen und somit den Meinungsbildungsprozess zu fördern.[4] Um diese Verantwortung erfüllen zu können, schützt Art. 5 Abs. 1 GG die Rundfunkanstalten, wobei die Rundfunkfreiheit als eine dienende Freiheit anzusehen ist. Das Bundesverfassungsgericht hat in diesem Zusammenhang formuliert:

„Sie [die Rundfunkfreiheit] dient der Aufgabe, freie und umfassende Meinungsbildung durch den Rundfunk zu gewährleisten".[5]

Dieser Figur der „dienenden Freiheit" liegt folgende Überlegung zugrunde: Die Grundrechte enthalten normalerweise Freiheiten, die der Selbstverwirklichung des Individuums dienen, also subjektiv-rechtliche, individuelle Handlungsrechte sind. Daneben gibt es aber auch gewährleistete Befugnisse, die im Interesse der Verwirklichung von Rechten und Interessen Dritter gegen den Zwang und die Intervention des Staates abgeschirmt sind. Der Sinn von Freiheit kann also auch darin liegen, einem Rechtssubjekt Handlungs-, Gestaltungs- und Entscheidungsautonomie zuzuerkennen. Dies kann dann der Fall sein, wenn ein öffentliches Interesse an einem aus autonomer Handlung, Gestaltung und Entscheidung hervorgegangenen geistigen oder gegenständlichen Produkt besteht oder wenn die Abschirmung von Handlungsbefugnissen dazu dient, den Rechts- und Freiheitsstatus Dritter und die Interessen der Demokratie zu gewährleisten.[6] Die Rundfunkfreiheit gehört zur letztgenannten Gruppe, sie dient - wie bereits dargelegt - nach Vorstellung des Bundesverfassungsgerichts dazu, die Informationsfreiheit der Bürger zu gewährleisten und freie individuelle und öffentliche Meinungsbildung im Interesse der Demo-

---

[3] *BVerfGE* 57, 295, 320.

[4] So schon *BVerfGE* 12, 205, 260.

[5] Vgl. *BVerfGE* 57, 295, 320; siehe auch *BVerfGE* 83, 238.

[6] Vgl. dazu eingehend *Niepalla*, Die Grundversorgung durch die öffentlich-rechtlichen Rundfunkanstalten, München 1990, 21 ff.; *J. Burmeister*, Medienmarkt und Menschenwürde, EMR-Schriftenreihe, Bd. 2, München 1991, S. 38 ff.

kratie zu garantieren. Insoweit stellt die Rundfunkfreiheit ein objektives Prinzip der Gesamtrechtsordnung dar und ist für die Demokratie schlechthin konstituierend.[7]

Dies macht eine positive Ordnung notwendig, die sicherstellt, dass der Rundfunk weder dem Staat noch einzelnen gesellschaftlichen Gruppen ausgeliefert wird, sondern die Vielfalt der gesellschaftlichen Themen aufnimmt und wiedergibt. Zu diesem Zweck sind nach Ansicht des Bundesverfassungsgerichts materielle, organisatorische und prozedurale Regelungen des Gesetzgebers notwendig, die bewirken sollen, dass ein freiheitlicher Meinungsbildungsprozess durch umfassende und ausgewogene Information im Interesse einer funktionierenden Demokratie zustande kommt. Dabei kommen dem öffentlich-rechtlichen Rundfunk im dualen System besondere Aufgaben zu.

2. Die Rollenverteilung im dualen Rundfunksystem

Garant für die Erfüllung der Aufgabe, umfassende und ausgewogene Information im Interesse einer funktionierenden Demokratie im Rundfunk sicherzustellen, ist nach der Rechtsprechung des Bundesverfassungsgerichts seit jeher der öffentlich-rechtliche Rundfunk.[8] Wie noch zu zeigen sein wird, schreibt das Grundgesetz nach Auffassung des Bundesverfassungsgerichts zwar kein bestimmtes Modell vor und zwingt noch nicht einmal zu einer konsistenten Verwirklichung eines einmal gewählten dualen Rundfunksystems. Entscheidet sich der Gesetzgeber aber, wie in der Bundesrepublik Deutschland[9], für ein duales Rundfunksystem, so muss der öffentlich-rechtliche Rundfunk nach den verbindlichen Vorgaben des Bundesverfassungsgerichts u.a. die Aufgaben der unerlässlichen Grundversorgung erfüllen. Die sogenannte Grundversorgung stellt dabei - und dies muss besonders betont werden - einen Rechtsbegriff dar. Mit ihm werden Aufgaben und Befugnisse des öf-

---

[7] Vgl. *BVerfGE* 57, 295, 320; 73, 118, 152; 74, 297, 323 f.; 83, 238, 295; 87, 181, 197; 90, 60, 87.

[8] Vgl. beispielsweise *BVerfGE* 57, 295, 324; 73, 118, 158 f.

fentlich-rechtlichen Rundfunks beschrieben, die dieser in der dualen Rundfunkordnung zu erfüllen hat. Daher ist die Grundversorgung untrennbar mit der dualen Rundfunkordnung verbunden. Diese spezifische Funktion des öffentlich-rechtlichen Rundfunks ist anhand der Rechtsprechung des Bundesverfassungsgerichts näher zu konkretisieren.

Das Bundesverfassungsgericht hat von Beginn an anerkannt, dass sich der jeweilige Landesgesetzgeber zur Steigerung der Meinungsvielfalt dazu entscheiden darf, privaten Rundfunk vorzusehen. Macht er davon Gebrauch, muss das Gesetz aber bestimmte Voraussetzungen erfüllen.[10] Insbesondere müssen nach den Vorgaben des Bundesverfassungsgerichts die systembedingten Ungleichgewichtigkeiten im privaten Rundfunk - Massenattraktivität bei Vernachlässigung traditioneller Werte - dadurch ausgeglichen werden, dass der öffentlich-rechtliche Rundfunk die unerlässliche Grundversorgung erfüllt. Nur dann ist privater Rundfunk nach der Vorstellung des Bundesverfassungsgerichts hinnehmbar.[11] Die Erfüllung der Grundversorgungsaufgabe durch den öffentlich-rechtlichen Rundfunk legitimiert also den privaten Rundfunk, weswegen dieser von strengeren Programmauflagen befreit werden darf.[12] Allerdings sind die Länder nach dieser Rechtsprechung auch nicht verpflichtet, ein solches duales System einzuführen.

Sinn und Zweck der Einführung des dualen Rundfunksystems unter den vom Verfassungsgericht vorgegebenen Bedingungen sollte in erster Linie das Entstehen eines publizistischen Wettbewerbs zwischen öffentlich-rechtlichen und privaten Anbietern sein. Ziel dabei war und ist es, die Information des demokratischen Bürgers zu verbessern, indem das Angebot an Meinungen und Berichten erhöht und nicht etwa verflacht wird. Verbunden hiermit war aber von Anfang an auch die Gefahr des wirtschaftlichen Konkurrenzdrucks für die

---

[9] Vgl. dazu eingehend *Dörr*, Die Rolle des öffentlich-rechtlichen Rundfunks in Europa, Baden-Baden 1997, 10 ff.

[10] Die rundfunkrechtlichen Kompetenzen waren bereits im ersten Fernsehurteil zugunsten der Länder geklärt, vgl. *BVerfGE* 12, 205, 226 ff.

[11] Vgl. *BVerfGE* 73, 118, 159 f.

[12] Dazu eingehend *Bethge*, Der Grundversorgungsauftrag des öffentlich-rechtlichen Rundfunks in der dualen Rundfunkordnung, Media Perspektiven 1996, 66 ff.; *ders.*,

öffentlich-rechtlichen Veranstalter, da die Vermehrung der angebotenen Programme zur Folge hatte, dass sich die Zuschaueranteile zugunsten der Privatanbieter verlagerten. Dies führte wiederum zu erheblichen Verlusten bei den Werbeeinnahmen der öffentlich-rechtlichen Veranstalter. Diese trugen bis zu Beginn der 90er Jahre noch in einem beachtlichen Umfang zur Finanzierung des öffentlich-rechtlichen Rundfunks bei. Die Anstalten der ARD finanzierten sich bis 1990 zu ca. 14 % aus Werbeeinnahmen, das ZDF bis 1992 sogar zu traditionell 45 %. Dieser Anteil ist erheblich zurückgegangen und beträgt nun bei der ARD rund 4-5 % und beim ZDF 11 %. Auch im direkten Vergleich mit privaten Rundfunkveranstaltern ist festzustellen, dass der Werbemarktanteil der öffentlich-rechtlichen Rundfunkveranstalter weit geringer ist als der der privaten. Dies wird durch die Umsatzentwicklung im Bereich des Werbefernsehens wiedergespiegelt, wonach die ARD 359 Mio DM und das ZDF nur 314.7 Mio DM, dagegen RTL 2.340 Mio DM, SAT.1 1.778 Mio DM und ProSieben 1.619 Mio DM mit Werbeeinspielungen umsetzen konnten[13]. Insgesamt entfielen auf die öffentlich-rechtlichen Rundfunkanstalten nur 8 % der gesamten Fernsehwerbeeinnahmen. Durch den sukzessiven Rückgang der Werbefinanzierung bei den öffentlich-rechtlichen Rundfunkveranstaltern und mit dem Erfolg einiger privater Rundfunkveranstalter kam es nicht von ungefähr, dass der öffentlich-rechtliche Rundfunk von seinen Gegnern noch vor einigen Jahren als ablösungswürdig eingestuft wurde[14]. Da aber auch der öffentliche Rundfunk beachtliche Programmerfolge aufweisen kann - interessanterweise gerade im Bereich der Dritten Fernsehprogramme - und zeitweise die größten Fernsehmarktanteile erzielt[15], verlangen die Kritiker des dualen Systems eine wettbewerbsrechtliche Gleichbehandlung von öf-

---

Die verfassungsrechtliche Position des öffentlich-rechtlichen Rundfunks in der dualen Rundfunkordnung, Baden-Baden 1996, S. 44 ff.

[13] Vgl. dazu auch weiterführende Daten bei *Heffler*, Der Werbemarkt 1999, Media Perspektiven 6/2000, 230, 234.

[14] Vgl. dazu den Überblick bei *Bethge*, Stand und Entwicklung des öffentlich-rechtlichen Rundfunks, ZUM 1991, 337 f.

[15] Vgl. die aktuelle Übersicht über die Marktanteile und die Mediennutzung in Deutschland bei *Darschin/Kayser*, Tendenzen im Zuschauerverhalten, Media Perspektiven 4/2000, 146 ff. Im ersten Halbjahr 2000 hat die ARD RTL von Platz eins der Marktanteils-Tabelle verdrängt, das ZDF belegte den dritten, die ARD-Dritten den vierten Platz, epd-medien Nr. 53/2000, 8.

fentlich-rechtlichen und privaten Rundfunkveranstaltern. Denn von dieser Seite wird der anhaltende Erfolg der öffentlich-rechtlichen gegenüber den kommerziellen Rundfunkveranstaltern als Systemfehler betrachtet, und es wird von dem Untergang des öffentlich-rechtlichen Systems gesprochen[16]. Dagegen sehen viele Beobachter gerade in der positiven Entwicklung der öffentlich-rechtlichen Rundfunkanstalten eine Bestätigung für die gelungene Umsetzung des Rundfunkauftrages. Sie sprechen insoweit von einer Renaissance des öffentlich-rechtlichen Rundfunks.

Zu dieser Renaissance hat sicherlich auch die Rechtsprechung des Bundesverfassungsgerichts beigetragen, die permanent versuchte, den öffentlichrechtlichen Rundfunk im dualen System zu stärken und damit die Verflachung des Angebots zu verhindern. So trat beispielsweise das Bundesverfassungsgericht dem Versuch von Teilen der Literatur deutlich entgegen, die „Grundversorgung" der Bevölkerung mit Rundfunk, die es den öffentlichrechtlichen Rundfunkanstalten in seinem 4. Rundfunkurteil als Pflichtaufgabe auferlegt hatte,[17] als Mindestversorgung mit von Privaten nicht zu erwartenden Rundfunkangeboten zu diskreditieren. Dazu hat es in der Baden-Württemberg-Entscheidung klargestellt, dass es sich bei der Grundversorgung um eine Vollversorgung für alle handele, die die gleichgewichtige Vielfalt in der Darstellung der bestehenden Meinungsrichtungen wirksam sichern solle. Hierbei müsse der inhaltliche Standard der Programmangebote so gegeben sein, dass diese nach ihren Gegenständen und der Art der Darbietungen oder Behandlungen dem dargestellten Auftrag des Rundfunks nicht nur teilweise, sondern voll entspreche.[18] Im Hinblick auf die Zunahme privaten Rundfunks nicht nur in Deutschland, sondern in ganz Europa führte das Bundesverfassungsgericht weiter aus, dass es darauf ankomme „zu gewährleisten, dass der klassische Auftrag des Rundfunks erfüllt wird, der nicht nur seine Rolle für die Meinungs- und politische Willensbildung, Unterhaltung und über laufende

---

[16] Vgl. hierzu die Äußerungen *Oettingers*. Dieser verlangt eine Befreiung der Medienwirtschaft von den als hinderlich empfundenen Beschränkungen der Rundfunkordnung, die dazu führten, dass das öffentlich-rechtliche System „mausetot" sei, epd medien Nr. 35/36 2000, 15.

[17] Vgl. *BVerfGE* 73, 118 ff.

[18] Vgl. *BVerfGE* 74, 297, 325 f.

Berichterstattung hinausgehende Information, sondern auch seine kulturelle Verantwortung umfasst."[19]

Das Bundesverfassungsgericht erwartet somit zwar von dem zusätzlichen Angebot privater Rundfunkveranstalter eine Verbesserung der Meinungsdarstellung, befürchtet aber im Gegenzug auch, dass die Erfüllung des für die demokratische Gesellschaft so wichtigen klassischen Rundfunkauftrags vernachlässigt werden könnte.[20]

Diese Rechtsprechung, die zu Recht als „Lebenselexier" des öffentlichrechtlichen Rundfunks bezeichnet wurde,[21] ist angesichts der dargestellten Bedeutung des Rundfunks für den Meinungsbildungsprozess und für die umfassende Information der Bevölkerung nur konsequent. Dem öffentlichrechtlichen Rundfunk kommt also im dualen System die zentrale Rolle zu, wenn es um die Gewährleistung einer umfassenden und ausgewogenen Information über alle Lebensbereiche der Gesellschaft geht. Dies hat auch für die Sportberichterstattung große Bedeutung, da der Sport im lokalen wie nationalen Rahmen Identifikationsmöglichkeiten bietet und nach der Auffassung des Bundesverfassugsgerichts somit unverzichtbarer Bestandteil einer umfassenden Berichterstattung ist.[22] Dies wird auch durch das Zuschauerverhalten bestätigt, da in Jahren mit sportlichen Großereignissen der Sport einen größeren Zuschaueranteil aufweist als beispielsweise die Programmsparte Unterhaltung.[23]

---

[19] Vgl. *BVerfGE* 74, 297, 324.

[20] Diese Gefahren sind mit dem Siegeszug der digitalen Welt mit Sicherheit nicht kleiner geworden. Eines der wichtigsten Mittel, diesen Gefahren entgegenzutreten, ist die Grundversorgung durch den öffentlich-rechtlichen Rundfunk, so auch *A. Hesse*, Zur aktuellen Entwicklung des Rundfunkrechts, *BayVBl.* 1997, 132, 137.

[21] So plastisch *Bethge*, (vgl. Fn. 14), S. 338.

[22] BVerfGE NJW 1998, 1627, 1629.

[23] Vgl. *Darschin/Kayser*, Tendenzen im Zuschauerverhalten, Media Perspektiven 4/2000, 146, 151.

III. Die besonderen Aufgaben des öffentlich-rechtlichen Rundfunks im dualen Rundfunksystem

1. Allgemeines

Um die spezifischen Aufgaben des öffentlich-rechtlichen Rundfunks im dualen Rundfunksystem genauer auszuloten, muss man sich noch einmal das Zusammenspiel zwischen den privaten Anbietern und dem öffentlich-rechtlichen Rundfunk in der dualen Rundfunkordnung der Bundesrepublik Deutschland verdeutlichen.

Nach den ursprünglichen Vorstellungen des Bundesverfassungsgerichts wurde ein ausgeglichener fairer publizistischer Wettbewerb zwischen öffentlich-rechtlichen und privaten Rundfunkanbietern angestrebt. Bei diesem sollte auch die Rundfunkfreiheit der privaten Anbieter nach Art. 5 Abs. 1 Satz 2 GG eine „dienende" öffentliche Funktion erfüllen, welche mit der des öffentlich-rechtlichen Rundfunks gleichwertig sein sollte.[24] Die Privaten sollten also nach diesem, vom Bundesverfassungsgericht in der FRAG-Entscheidung[25] entwickelten Modell ebenfalls eine selbständige, professionell zu betätigende publizistische Vermittlungsfunktion wahrnehmen und damit in gleicher Weise gebunden sein wie der öffentlich-rechtliche Bereich.

Doch schon in der nächsten Rundfunkentscheidung[26] stellte das Bundesverfassungsgericht fest, dass die Maßstäbe an die privaten Veranstalter, die systembedingt unter Vernachlässigung der Vielfalt auf hohe Marktakzeptanz angewiesen sind, in dieser Höhe nicht aufrecht erhalten werden konnten. So nahm es die entsprechenden Vorgaben für den privaten Sektor ein gutes Stück zurück und konzentrierte die Verantwortungsträgerschaft im dualen Rundfunksystem um so mehr auf den öffentlich-rechtlichen Bereich.[27]

---

[24] *BVerfGE* 57, 295, 323 ff.

[25] *BVerfGE* 57, 295.

[26] *BVerfGE* 73, 118.

[27] Darauf weist zu Recht *Stock*, Meinungsvielfalt und Meinungsmacht, JZ 1997, 583, 584 hin.

Aus diesem Grund brauchten die privaten Veranstalter seither nur ein Mindestmaß an gleichgewichtiger Vielfalt zu erfüllen. Im Gegenzug wurde die Gewährleistung der Vielfaltsicherung durch Zuweisung des „Grundversorgungsauftrages" in erster Linie an die öffentlich-rechtlichen Rundfunkanstalten übertragen. Grundversorgung soll weder eine Mindestversorgung bezeichnen, auf die der öffentlich-rechtliche Rundfunk beschränkt ist, noch handelt es sich dabei um eine Grenzziehung oder Aufgabenteilung zwischen öffentlich-rechtlichem und privatem Rundfunk in dem Sinne, dass Programme oder Sendungen, die der Grundversorgung zuzurechnen sind, dem öffentlich-rechtlichen, alle übrigen Programme dem privaten Bereich vorbehalten sind.[28] Vielmehr sollte hierdurch sichergestellt werden, dass der öffentlich-rechtliche Rundfunk Programme für die Gesamtheit der Bevölkerung anbietet, welche umfassend und in der vollen Breite des klassischen Rundfunkauftrags informieren. Auf diese Weise soll die Meinungs- und Informationsvielfalt in der verfassungsrechtlich gebotenen Weise gewährleistet werden.

Der 1984 beginnenden und seit 1987 auch rechtlich durch den Rundfunkstaatsvertrag endgültig verankerten dualen Rundfunkordnung liegt also der Gedanke zugrunde, dass sich der publizistische Wettbewerb zwischen öffentlich-rechtlichen und privaten Anbietern anregend und belebend auf das inländische Gesamtangebot auswirkt.[29] Hierbei sind die dem privaten Rundfunk eigenen Ungleichgewichtigkeiten in der Programmgestaltung nur unter der Voraussetzung hinnehmbar, dass in den Programmen der öffentlich-rechtlichen Anstalten die Vielfalt der bestehenden Meinungsrichtungen und Themen unverkürzt zum Ausdruck gelangt.[30] Der öffentlich-rechtliche Rundfunk hat daher sozusagen eine Garantenstellung für die Erfüllung der Rundfunkfreiheit, während sich der private Rundfunk nur als Bereicherung im publizistischen Wettbewerb, keinesfalls aber als Ablöser der vorhandenen Rundfunkstrukturen platzieren darf. Nur solange und soweit der öffentlich-rechtliche Rundfunk bereit und in der Lage ist, seine Aufgaben in vollem Umfang zu erfüllen, ist es auch hinnehmbar, die privaten Veranstalter weniger strengen Bindungen zu unterwerfen, ihnen also weitgehende Entfaltungsmög-

---

[28] So eindeutig und dezidiert *BVerfGE* 74, 297, 325 f.
[29] So auch *Stock*, Der neue Rundfunkstaatsvertrag, RuF 1992, 189, 194.

lichkeiten zu geben.[31] Dieses Verhältnis zwischen privatem und öffentlich-rechtlichem Rundfunk kann jedoch mit der Terminologie des „dualen Rundfunks" nicht konsistent beschrieben werden. Zum einen läßt diese auf publizistischen Wettbewerb abzielende Konstruktion die besonderen ökonomischen Dimensionen und wettbewerbsrelevanten Bedingungen der Medien- und angrenzenden Informationsmärkte weitgehend außer Betracht.[32] Zum anderen ist innerhalb des dualen Systems die Relation zwischen den beiden tragenden Säulen - dem öffentlich-rechtlichen und dem privaten Rundfunk - nicht symetrisch[33], da der private Rundfunk existenziell an die Erfüllung des klassischen Rundfunkauftrages durch den öffentlich-rechtlichen Rundfunk gebunden ist. Der private Rundfunk stellt somit weniger einen fundamentalen Bestandteil als vielmehr einen Anbau an das bereits zuvor bestehende System des öffentlich-rechtlichen Rundfunks dar. Daraus folgt, dass dem öffentlich-rechtlichen Rundfunk also nicht etwa nur begrenzte Aufgabenbereiche zugewiesen sind, sondern dass er auch die Pflicht hat, seine Funktionen umfassend zu erfüllen. Eine solche Pflichtaufgabe stellt gerade die Erfüllung der Grundversorgung dar. Diese ist an die Funktion des öffentlich-rechtlichen Rundfunks gebunden, die der öffentlich-rechtliche Rundfunk im Rahmen des durch Art. 5 Abs. 1 GG geschützten Kommunikationsprozesses zu erfüllen hat.[34]

---

[30] So schon *BVerfGE* 73, 118, 159.

[31] Zu Recht spricht *Eberle*, Die Rundfunkgebühr - verfassungsrechtlicher Anspruch und gesellschaftspolitische Funktion, in: *Stern* (Hrsg.), Die Finanzierung des Rundfunks nach dem Gebührenurteil des Bundesverfassungsgerichts, München 1996, S. 1, 17 - davon, dass der öffentlich-rechtliche Rundfunk ein Kultur- und Gesellschaftsgut und privater Rundfunk ein Wirtschaftsgut darstelle.

[32] Vgl. *Vesting*, Fortbestand des Dualen Systems?, K & R 2000, 161, 163.

[33] Vgl. zur Systemrelation *Eifert*, Die Zuordnung der Säulen des Dualen Rundfunksystems, ZUM 1999, 595.

[34] Vgl. *BVerfGE* 83, 238, 299.

2. Die „essentiellen" Funktionen des öffentlich-rechtlichen Rundfunks

Obwohl einem im Zusammenhang mit dem Programmauftrag meist der Begriff „Grundversorgung" einfällt, ist der Tätigkeitsbereich des öffentlich-rechtlichen Rundfunks nicht auf diese Grundversorgung beschränkt. Vielmehr versucht das Bundesverfassungsgericht, die Aufgabe des öffentlich-rechtlichen Rundfunks stets von der funktionellen Seite her zu konkretisieren.[35] In diesem Zusammenhang hat es immer wieder den Begriff der „essentiellen" Funktionen ins Spiel gebracht, an anderen Stellen tauchen auch die „spezifischen" Funktionen oder die „Grund"-Funktionen auf.[36] Dabei wird der Terminus „essentielle" Funktionen vom Bundesverfassungsgericht aus einem Aufsatz *Bullingers* übernommen, der sich mit den Auswirkungen neuer Verbreitungswege und -techniken auf die gesetzgeberische Kompetenzverteilung beschäftigt.[37] Nach *Bullinger* wird mit dem Begriff der essentiellen Funktionen auf die Bedeutung des Rundfunks für den demokratischen Meinungsbildungsprozess und für das kulturelle Leben in dem jeweiligen Sendegebiet abgestellt.

Ganz in diesem Sinne verwendet auch das Bundesverfassungsgericht diesen Begriff, wenn es ihn als Konkretisierung für den Beitrag des Rundfunks im demokratischen Willensbildungsprozess sowie für das kulturelle Leben nennt.[38] Der Rundfunk soll danach also einerseits als Verbindungsglied zwischen Staatsvolk und Staatsorganen durch seine Programme seiner Rolle als Medium und Faktor im demokratischen Meinungsbildungsprozess gerecht werden, andererseits aber auch als Kulturgarant die regionale und kulturelle Identität der Bevölkerung mit ihrem Umfeld in Zeiten zunehmender Individualisierung wahren helfen. Die Gewährleistung der essentiellen Funktionen

---

[35] Vgl. dazu auch *Kresse*, Öffentlich-rechtliche Werbefinanzierung und Grenzen der Grundversorgung im dualen Rundfunksystem, ZUM 1995, 68, 73.

[36] Vgl. *BVerfGE* 73, 118, 157 f.: „essentielle Funktionen"; *BVerfGE* 73, 118, 163: „Grundfunktion"; *BVerfGE* 74, 297, 342: „spezifische Funktionen".

[37] Vgl. dazu *Bullinger*, Rundfunkordnung im Bundesstaat und in der Europäischen Gemeinschaft, AfP 1985, 257, 258 f.

[38] Vgl. *BVerfGE* 73, 118, 157 f.; 90, 60, 90.

ist hierbei nicht auf die Grundversorgung der Bevölkerung mit Rundfunk begrenzt, sondern erstreckt sich daneben auch auf den Bereich jenseits der Grundversorgung. Anders gewendet bedeutet dies, dass zwar Grundversorgungsprogramme die essentiellen Funktionen des Rundfunks erfüllen, die Erfüllung der essentiellen Funktionen aber nicht notwendig auf Grundversorgungsprogramme beschränkt ist. Auch in den Bereichen, die nicht grundversorgungsrelevant sind, darf der öffentlich-rechtliche Rundfunk die Essentialia des Rundfunks nicht vernachlässigen. Eine Identität der essentiellen Funktionen mit dem Begriff der Grundversorgung ist somit nicht gegeben, jedoch besteht eine Verbindung insoweit, als Grundversorgungsprogramme in erster Linie der Erfüllung der essentiellen Funktionen zu dienen bestimmt sind.

Demgegenüber besitzt der noch zu erläuternde Begriff des klassischen Rundfunks eine größere Reichweite als die „essentiellen" Funktionen. Zwischen diesen beiden Begriffen besteht also keine Übereinstimmung. Die essentiellen Funktionen sind vielmehr ein einzelner, allerdings wesentlicher Aufgabenteil der Gesamtfunktion des öffentlich-rechtlichen Rundfunks, den dieser im Rahmen seines Programmauftrags zu erfüllen hat. Ihre Verwirklichung muss daher im gesamten Tätigkeitsfeld des öffentlich-rechtlichen Rundfunks stattfinden. Die Erfüllung der essentiellen Funktionen bedeutet aber noch nicht notwendig, dass der klassische Rundfunkauftrag auch tatsächlich eingehalten wird. Vielmehr stellt das Bundesverfassungsgericht, wie noch zu zeigen sein wird, mit dem klassischen Rundfunkauftrag auf das Ziel ab, eine „ideale oder optimale Programmgestaltung" zu bieten, „wie sie sich aus der Zeit entwickelt hat".[39] Es bleibt aber festzuhalten, dass die essentiellen Funktionen des Rundfunks für die demokratische Ordnung ebenso wie für das kulturelle Leben den Rahmen des Auftrags bestimmen, den der öffentlich-rechtliche Rundfunk erfüllen muss.

---

[39] Vgl. dazu *Niepalla*, (vgl. Fn. 6), S. 81 f.; *Scheble*, Perspektiven der Grundversorgung, Baden-Baden 1994, S. 101.

3. Der Funktionsbereich des öffentlich-rechtlichen Rundfunks und der Grundversorgungsauftrag

Wie bereits dargelegt, werden die Funktionen des öffentlich-rechtlichen Rundfunks im dualen Rundfunksystem zum einen mit dem Begriff der „Grundversorgung" umschrieben. Diese macht einen - nicht abschließenden, aber erheblichen - Teil der Funktionen des öffentlich-rechtlichen Rundfunks aus. Ihre rechtliche Substanz wird dabei exklusiv aus der Funktion des öffentlich-rechtlichen Rundfunks in der dualen Rundfunkordnung gewonnen; das Bundesverfassungsgericht spricht daher in seinen neuesten Entscheidungen auch stets vom Funktionsbereich bzw. der Funktionsgarantie des öffentlich-rechtlichen Rundfunks.[40] Aufgrund der Rechtsprechung des Bundesverfassungsgerichts ist eine weitere Konkretisierung dieses Grundversorgungsbegriffs erfolgt. Danach ist er einmal nicht rein statisch zu verstehen, sondern enthält auch dynamische Elemente. Darauf hat das Bundesverfassungsgericht, wie bereits dargelegt wurde, verwiesen, um den öffentlich-rechtlichen Rundfunk auch im Zuge neuerer programmlicher und technischer Entwicklungen konkurrenzfähig zu halten. Zum andern umfasst der Grundversorgungsbegriff neben programmlichen auch technische Elemente. Angesichts der bisherigen Rechtsprechung lässt sich der Bereich der „Grundversorgung" somit wie folgt beschreiben:

Die Grundversorgung als ein zentraler Begriff des Aufgabenbereichs, den der öffentlich-rechtliche Rundfunk zu erfüllen hat, ist nicht ohne weiteres fixierbar, sondern akzessorisch zur Funktionserfüllung der öffentlich-rechtlichen Rundfunkaufgaben. Sie ist somit ein - erheblicher - Teil der Funktionserfüllung. Was aber die Funktionserfüllung darüber hinaus erfordert, lässt sich nicht ein für alle Mal bestimmen, sondern hängt von den Umständen der weiteren Entwicklung ab. Diese sind im Wesentlichen durch die technische Entwicklung und das Verhalten der privaten Anbieter geprägt, denen gegenüber der öffentlich-rechtliche Rundfunk im dualen Rundfunksystem publizistisch konkurrenzfähig bleiben muss, wenn er nicht insgesamt die Anforderungen des Art. 5 Abs. 1 Satz 2 GG verfehlen soll.[41] Das bedeutet, dass der

---

[40] Vgl. *BVerfGE* 90, 60, 90 f.

[41] So *BVerfGE* 87, 181, 203.

öffentlich-rechtliche Rundfunk auch in den Bereichen privater Rundfunkveranstaltung präsent sein muss, in denen er nicht mittels seiner Grundversorgungsprogramme konkurrieren kann. Aber auch diese Bereiche erfordern ein publizistisches Gegengewicht.[42]

Daraus wird deutlich, dass der öffentlich-rechtliche Rundfunk im dualen Rundfunksystem nicht nur die Verantwortung dafür hat, den ursprünglichen Rundfunkauftrag zu gewährleisten, der in der Darstellung aller Meinungsrichtungen und Themenbereiche in vollständiger Breite und Vielfalt besteht. Vielmehr hat er darüber hinaus die Pflicht, auf die Tätigkeiten der privaten Konkurrenten flexibel zu reagieren und somit als Gegengewicht die Bildung vorherrschender Meinungsmacht zu verhindern. Die Schwierigkeit, die mit dieser Pflicht verbunden ist, liegt darin, dass der öffentlich-rechtliche Rundfunk bei seiner Aufgabe nicht sein Spezifikum aus den Augen verlieren darf, nämlich die Erfüllung des klassischen Rundfunkauftrags.[43] Insbesondere darf er sich bei dem Versuch, flexibel auf neue private Angebote zu reagieren, nicht zu stark an die privaten Rundfunkveranstalter angleichen, sondern hat dabei, wie noch im einzelnen zu erörtern sein wird, den klassischen Rundfunkauftrag auch durch die Art der Präsentation zu erfüllen. Dies hat für den Sportbereich im Hinblick auf die Problematik einer angemessenen Berücksichtigung des Spitzensports und die Aufgabe, über die gesamte Breite des Sports zu berichten, eine nicht zu unterschätzende Bedeutung.[44]

Festgehalten werden kann jedenfalls, dass der Begriff der Grundversorgung keineswegs eine Mindestversorgung bezeichnet. Er gewährleistet vielmehr die volle Versorgung durch öffentlich-rechtliche Rundfunkanstalten. Zudem handelt es sich bei diesem Begriff nicht um eine Grenzziehung oder Aufgabenteilung zwischen öffentlich-rechtlichem und privatem Rundfunk, etwa in dem

---

[42] Dies gilt etwa nach Ansicht des Bundesverfassungsgericht für den Spartenbereich, *BVerfGE* 74, 297, 344 ff.

[43] So *BVerfGE* 74, 297, 324.

[44] Auf die Gefahr der Angleichung an die privaten Rundfunkveranstalter weisen *Oppermann*, Zukunftsperspektiven der Finanzierung des öffentlichen Rundfunks, in: *Stern* (Hrsg.), Die Finanzierung des Rundfunks nach dem Gebührenurteil des Bundesverfassungsgerichts, München 1996, S. 55 ff. und *Stock* (vgl. Fn. 27), JZ 1997, 587, zu Recht hin.

Sinn, dass Programme oder Sendungen, die inhaltlich der Grundversorgung zuzurechnen sind, dem öffentlich-rechtlichen Rundfunk, alle übrigen Programme dem privaten Rundfunk vorbehalten sind oder vorbehalten werden dürfen. Vielmehr stellt die Grundversorgung nur einen, wenn auch wesentlichen Teil des Funktionsbereichs der öffentlich-rechtlichen Rundfunkanstalten dar. Für die Grundversorgung sind drei Elemente besonders wesentlich:

- eine Übertragungstechnik, bei der ein Empfang für alle sichergestellt ist. Diese Übertragungstechnik bestand in der Vergangenheit in Form der herkömmlichen terrestrischen Technik und wird nunmehr durch die Kabel- und Satellitenverbreitung ergänzt bzw. ersetzt. Überdies ist der Empfang der öffentlich-rechtlichen Rundfunkprogramme auch im Digitalzeitalter gesichert, da sich die öffentlich-rechtlichen Rundfunkanstalten mit den Programmbouquets ZDF.vision und ARD-Digital auf die digitale Übertragungstechnik eingestellt haben, die bis zum Jahr 2010 als flächendeckender Standard eingeführt sein soll[45];

- der inhaltliche Standard der Programme im Sinne eines Angebots, das nach seinen Gegenständen und der Art ihrer Darbietung oder Behandlung dem klassischen Rundfunkauftrag voll entspricht. Dabei ist vor allem Art der Darbietung und die Vielfalt der zu behandelnden Themen von entscheidender Bedeutung;

- schließlich die wirksame Sicherung gleichgewichtiger Vielfalt in der Darstellung der bestehenden Meinungsrichtungen durch organisatorische oder verfahrensrechtliche Vorkehrungen.

Welche Programme der öffentlich-rechtlichen Rundfunkanstalten im einzelnen zu der unerlässlichen Grundversorgung gehören und wie viele Programme von den öffentlich-rechtlichen Anstalten zu erbringen sind, lässt sich nicht

---

[45] Vgl. Beschluss des Bundeskabinetts vom 24.08.1998; die Teilhabe des öffentlich-rechlichen Rundfunks an der digitalen Kabelverbreitung ist durch die §§ 19 und 52 des 4. Rundfunkänderungsstaatsvertrages gesichert worden.

grundsätzlich feststellen. Jedenfalls ist der öffentlich-rechtliche Rundfunk in seinem gegenwärtigen Bestand zu erhalten, was vom Bundesverfassungsgericht als Bestandsgarantie umschrieben wird. Ob lokale und regionale Programme bereits zur Grundversorgung gehören ist angesichts der Rechtsprechung des Bundesverfassungsgerichts offen. Jedenfalls ist der öffentlich-rechtliche Rundfunk durch seinen über die Grundversorgung hinausreichenden Auftrag berechtigt, lokale und regionale Programme im Fernsehen auszustrahlen und auch Spartenprogramme zu veranstalten. Er darf, wie das Bundesverfassungsgericht ausdrücklich festgestellt hat, von diesen Programmformen nicht vom Gesetzgeber gänzlich ausgeschlossen werden.[46]

4. Der Funktionsbereich des öffentlich-rechtlichen Rundfunks und der klassische Rundfunkauftrag

Um die Funktionen des öffentlich-rechtlichen Rundfunks in der dualen Rundfunkordnung weiter zu konkretisieren, hat das Bundesverfassungsgericht den Grundversorgungsbegriff wiederholt eng mit dem klassischen Rundfunkauftrag verknüpft.[47] Dieser Begriff betrifft bei richtiger Interpretation nicht so sehr den Bereich, in dem der öffentlich-rechtliche Rundfunk programmlich tätig werden soll. Es geht dabei vielmehr um die Art der Darstellung und um eine enge Verbindung mit der kulturellen Bedeutung des Rundfunks. Der öffentlich-rechtliche Rundfunk hat seine Berichterstattung somit klassisch, d.h. nach den überkommenen kulturellen Werten auszurichten und damit einen Integrationsrundfunk für alle zu gewährleisten.

Bei einer genauen Analyse der Entscheidungen des Bundesverfassungsgerichts fällt auf, dass dieses dem klassischen Rundfunkauftrag einen besonders hohen Stellenwert zumisst.[48] Auch im Zusammenhang mit der Finanzierung kommt ihm eine maßgebliche Bedeutung zu, als alle öffentlich-rechtlichen Programme, die diesem Auftrag gerecht werden, funktionsgerecht finanziert

---

[46] Vgl. *BVerfGE* 74, 297, 327, 342.

[47] *BVerfGE* 74, 297, 325; 83, 238, 297; 87, 181, 199.

[48] Vgl. etwa *BVerfGE* 74, 297, 346.

werden müssen.[49] Er setzt sich aus zwei Elementen zusammen, den klassischen Programmgegenständen und der klassischen Art ihrer Darbietung und Behandlung.

Als klassische Programmgegenstände führt das Bundesverfassungsgericht in seiner Rechtsprechung die Bildung, Information, Unterhaltung und Kultur an, wobei sich auch eine Parallele zur Erfüllung der essentiellen Funktionen ergibt. Diese beruht darauf, dass die genannten vier Zweige zur demokratischen Ordnung beitragen, indem sie Informationen vermitteln, die den Meinungsbildungsprozess fördern. Dabei wird die Funktion für das kulturelle Leben durch einen eigens aufgeführten Programmgegenstand „Kultur" nochmals hervorgehoben. Neben der Kultur, der Bildung und der Information gehört zu den klassischen Gegenständen auch die Unterhaltung. Dies überzeugt schon deshalb, weil der Rundfunk, insbesondere das Fernsehen, ein gewichtiger Faktor bei der Gestaltung der Freizeit ist. Auch das Bundesverfassungsgericht weist der Unterhaltung eine wichtige gesellschaftliche Funktion zu, da durch sie Realitätsbilder vermittelt und Diskussionsprozesse in Gang gesetzt werden, die sich auf Integrationsvorgänge, Werthaltungen und Lebenseinstellungen beziehen[50]. Zudem darf nicht verkannt werden, dass auch Unterhaltungsprogramme einen Bezug zu Information und Bildung haben können. Mit manchen Unterhaltungsprogrammen wird zumindest als Nebenzweck auch das Ziel verfolgt, Bildungsinhalte zu transportieren, was insbesondere bei der modernen Programmform des sogenannten „Infotainment" der Fall ist. Dieses Sendeformat löst die Trennung zwischen den klassischen Programmgegenständen teilweise auf, indem kulturelle, informative und bildende Beiträge mit Unterhaltung vermengt werden.

Insgesamt ergeben die klassischen Programmgegenstände das Bild von vier Kreisen, die sich z.T. schneiden, z.T. aber auch für sich betrachtet werden können. Allerdings hat sich herausgestellt, dass nahezu jede Rundfunksendung, insbesondere jede Fernsehsendung, wenigstens einen der Kreise berührt und somit, vom Gegenstand her betrachtet, dem klassischen Rundfunkauftrag untergeordnet werden kann. Allein aufgrund der Gegenstände kann daher ein

---

[49] Vgl. dazu auch *Scheble* (vgl. Fn. 39), S. 241.

[50] *BVerfG* NJW 2000, 1021, 1024.

öffentlich-rechtliches Spezifikum nicht ausgemacht werden, da auch alle privaten Veranstalter in ihren Programmen klassische Programmgegenstände vermitteln. Hier aber zeigt sich aufgrund des Drucks, massenattraktive Programme zu senden, eine unterschiedliche Gewichtung der Darstellung im Verhältnis zum klassisch-traditionellen öffentlich-rechtlichen Rundfunk. Daher hat das Bundesverfassungsgericht auch besonderen Wert auf den wesentlichen Aspekt zur Bestimmung des „Klassischen" gelegt, der sich in der Art der Darbietung und Behandlung zeigt.

Das „Klassische" zeichnet sich dadurch aus, dass die Art der Darbietung und Behandlung dem klassischen Rundfunkauftrag nicht nur zu einem Teil, sondern voll entspricht.[51]

Zum einen stellt sicherlich das Vollprogramm eine besonders gelungene Form des klassischen Rundfunkauftrags dar. Denn hier findet der Rezipient die Programmgegenstände Bildung, Information, Unterhaltung und Kultur in einem Programm. Dabei ist aber auch die angemessene Verteilung der einzelnen Programmbereiche in jedem Vollprogramm vorzunehmen. So wäre ein Vollprogramm, welches zu 80 % der Unterhaltung dient, Information, Bildung oder Kultur aber vernachlässigt, nicht mehr als klassisch im traditionellen Sinne zu bezeichnen. Ebenso ist die ausgewogene Verteilung der Sendezeiten zu berücksichtigen. So darf gerade der kulturelle Bereich nicht vollständig aus den Hauptsendezeiten verbannt werden.[52]

Dies schließt aber zum anderen nicht aus, dass auch durch Spartenprogramme der klassische Rundfunkauftrag erfüllt wird. Jedoch sind mit Spartenprogrammen Gefahren verbunden. Der klassische Rundfunkauftrag stellt nämlich auch auf die integrierende Wirkung des Rundfunks ab. Deshalb kommt es bei der Ausgestaltung des klassischen Rundfunkauftrags darauf an, dass den Vollprogrammen die Hauptbedeutung zugemessen wird, während den Spartenprogrammen daneben allenfalls ergänzende Funktion zugebilligt werden darf. Gerade bei Spartenprogrammen kommt daher der Art der Darstellung

---

[51] *BVerfGE* 74, 297, 326.

[52] Vgl. auch *Scheble* (vgl. Fn. 39), S. 265; *Libertus,* Grundversorgungsauftrag und Funktionsgarantie, München 1991, S. 84.

eine besondere Bedeutung zu, damit auch sie als klassisch eingestuft werden können.[53]

In absehbarer Zukunft werden die Programme der öffentlich-rechtlichen Rundfunkanstalten ausschließlich in digitaler Technik übertragen und zu sogenannten Programmbouquets verbunden sein[54]. Diese digitalen Programmbouquets bieten nicht nur eine bessere technische Programmqualität, sondern ermöglichen eine Kombination von Vollprogramm, Spartenprogrammen, Hörfunk und Datendiensten, die mit Querverbindungen untereinander verknüpft und durch den elektronischen Programmführer angesteuert werden. Dadurch entsteht unter der „Marke" der Rundfunkanstalt ein Dienstleistungspaket in Gestalt einer Plattform, von der aus verschiedene Inhalte abgerufen werden können[55]. Stellt man wiederum auf die integrierende Funktion des Rundfunks ab, so scheint es zunächst zweifelhaft, ob die das Vollprogramm begleitenden Spartenprogramme und Datendienste den klassischen Rundfunkauftrag erfüllen können. Die Spartenangebote können trotz ihrer horizontalen Vernetzung das Vollprogramm nicht ersetzen. Denn das Vollprogramm ermöglicht in besonderer Weise innerhalb eines ungebrochenen Sendeablaufs die Darstellung der verschiedenen klassischen Programmgegenstände und bietet damit Gewähr für die Erfüllung des Grundversorgungsauftrages. Eine Gesamtbetrachtung, die nur darauf abstellt, ob das in dem Programmbouquet enthaltene Angebot in seiner Gesamtheit die klassischen Programmgegenstände ausreichend berücksichtigt, ist zumindest zum jetzigen Zeitpunkt nicht gerechtfertigt. Denn die Grundversorgung kann durch eine parallele Darstellung aller Meinungsrichtungen und Informationen sowie Bildungs- und Kulturinhalte nur dann gewährleistet werden, wenn zum einen das Maß der horizontalen Vernetzung der verschiedenen Programminhalte sehr hoch ist und wenn zum anderen der parallele Zugriff der Rezipienten auf diese Angebotspalette technisch einfach ist und von den Rezipienten auch tatsächlich angenommen wird.

---

[53] So auch *Niepalla* (vgl. Fn. 6), S. 82.

[54] Bereits jetzt werden die Programmbouquets ARD-Digital und ZDF.vision in digitaler Technik verbreitet. Diese sind derzeit aber nur über die d-box empfangbar.

[55] Vgl. *Emmelius*, ZDF Jahrbuch 1999, S. 218.

Um festzustellen zu können, ob der klassische Rundfunkauftrag erfüllt wird, ist in diesem Zusammenhang auch das Programmniveau von hoher Bedeutung. Dabei darf klassischer Rundfunk nicht im Sinne eines Stillstands auf veralteten Traditionen verstanden werden. Ziel muss es vielmehr sein, anspruchsvolle Minderheiten ebenso wie die Masse der Bevölkerung anzusprechen. Insofern ist es schwierig, das „richtige" Niveau für das entsprechende Rundfunkpublikum festzustellen. Trotzdem muss auf die Einhaltung bestimmter Standards durch den öffentlich-rechtlichen Rundfunk Wert gelegt werden. Denn dieser ist aufgrund seiner Marktunabhängigkeit, im Gegensatz zu den privaten Anbietern, in der Lage, einen Programmstandard anzubieten, der der klassischen Vorstellung entspricht, zumindest aber nahekommt. In diesem Zusammenhang ist auch vor allem auf die Prinzipien unserer Wertordnung, die im Grundgesetz zum Ausdruck kommen, abzustellen.[56] Beispielsweise muss die Menschenwürde beachtet und auf gewalttätige Darstellungen weitestgehend verzichtet werden. Dies bedeutet aber auch, Minderheiten angemessen zu Wort kommen zu lassen, sie ohne Wertung darzustellen und mit Rundfunk zu bedienen. Überhaupt kommt der Minderheitenbetreuung durch den klassischen Rundfunk eine enorme Bedeutung zu. Denn auch den Minderheiten muss die Möglichkeit gegeben werden, ihre Positionen in den demokratischen Prozess gleichwertig im Verhältnis zu anders Gesinnten einzubringen, um ihnen eine Möglichkeit zur Wandlung von der Minderheit zur Mehrheit zu bieten. Zum anderen müssen auch in den Bereichen Kultur und Unterhaltung, somit auch im Sport, diejenigen Interessen und Erscheinungsformen dargestellt werden, die bei der Mehrheit auf ein geringeres Interesse stoßen, also nicht „massenattraktiv" sind.

Nur wenn der so beschriebene klassische Rundfunkauftrag gerade durch die Art und Weise der Darstellung erfüllt wird, bewahrt der öffentlich-rechtliche Rundfunk sein Spezifikum, welches die Gebührenfinanzierung letztlich legitimiert. Inwieweit aber das Programm bzw. die Sendungen des öffentlich-rechtlichen Rundfunks den klassischen Rundfunkauftrag erfüllen, lässt sich nur am Einzelfall überprüfen. Maßstab hierbei müssen die gesamten Hörer und Seher sein, denen der dargelegte Auftrag des öffentlich-rechtlichen Rund-

---

[56] So auch zu Recht *Libertus* (vgl. Fn. 52), S. 84.

funks letztlich zugute kommt. Mehren sich beispielsweise die Stimmen, öffentlich-rechtlicher Rundfunk sei von privaten Angeboten nicht mehr unterscheidbar[57], so deutet dies darauf hin, dass der klassische Rundfunkauftrag zunehmend verfehlt wird. Eine solche Verfehlung des klassischen Rundfunkauftrages würde folgerichtig die Gebührenfinanzierung des öffentlich-rechtlichen Rundfunks in Frage stellen.

5. Weitere Konkretisierungen des Funktionsbereichs

Schließlich ergeben sich aus der Rechtsprechung des Bundesverfassungsgerichts weitere Konkretisierungen, die den Funktionsbereich des öffentlich-rechtlichen Rundfunks im dualen System betreffen. Der öffentlich-rechtliche Rundfunk hat insbesondere zu gewährleisten, dass auch nicht marktfähige Ereignisse Aufnahme ins Programm finden können, also vor allem auch Minderheiten programmlich bedient werden. Diese Erkenntnis hat sich auch die Wirtschaftswissenschaft zu eigen gemacht.[58] *Schellhaaß* spricht in diesem Zusammenhang von „Sozialisation", um die nicht marktfähigen Programminhalte zu beschreiben. Dazu gehören für ihn die Grundwerte, die für westliche Demokratien charakteristisch sind, die Traditionen, die für das Gemeinwesen identitätsstiftend sind, oder die Öffnung der Nationalstaaten im Hinblick auf die europäische Einigung. Nicht minder wichtig sind für ihn die Weiterentwicklung der sozialen Sicherungssysteme und der Umweltschutz innerhalb der marktwirtschaftlichen Grundordnung. Eine abschließende Umschreibung des Programmpunktes "Sozialisation" sei aber nicht möglich.

Seiner Ansicht nach kommt es weiterhin darauf an, sogenannte Sozialisationsbotschaften so auf die einzelnen Programmkategorien zu verteilen, dass

---

[57] So etwa *Schäuble*, zitiert in: *Kiefer*, Gebührenindexierung und neue Modelle für Werbelimits, NT 1993, 46.

[58] *Schellhaaß*, Ist die Rundfunkgebühr eine unzulässige Beihilfe? Eine ökonomische Analyse, Arbeitspapiere des Instituts für Rundfunkökonomie, Heft 90, Köln 1998; *Kops*, Eine ökonomische Herleitung der Aufgaben des öffentlich-rechtlichen Rundfunks, Arbeitspapiere des Instituts für Rundfunkökonomie, Heft 20/94, 2. Aufl., Köln 1998.

sie beim Zuschauer ankommen. Dies ergebe sich aus dem öffentlich-rechtlichen Programmauftrag, der von den Rundfunkanstalten verlange, dass sie ihren Sendungen die nicht marktfähigen Sozialisationsbotschaften beimischen. Bei Unterhaltungsprogrammen könne der Sozialisationsanteil eher höher ausfallen, da diese besonders zuschauerattraktiv seien und trotz der Sozialisationsbotschaften von der Masse der Zuschauer gesehen würden. Bei Minderheitenprogrammen dürften die Sozialisationsbotschaften nur in geringerem Maße eingesetzt werden, da diese Programme auf geringeres Zuschauerinteresse träfen und dieser geringe Anteil nicht noch durch zahlreiche Sozialisationsbotschaften weiter minimiert werden solle. Daher müsse der öffentlich-rechtliche Rundfunk gerade auch zuschauerattraktive Programme anbieten dürfen, weil er in diesen Programmangeboten relativ viele Sozialisationsbotschaften „verstecken" könne. Ihm müssten demnach die gleichen Programmkategorien wie den privaten Wettbewerbern zur Verfügung stehen. Jedoch müsse man sich stets vor Augen halten, dass den öffentlich-rechtlichen Anstalten hohe Einschaltquoten lediglich dazu dienen dürften, das verfassungsrechtliche Gebot der Sozialisation bestmöglichst zu erfüllen, da ein Programmangebot, das niemand einschalte, keine gemeinschaftsfördernde Verhaltensänderungen bewirken könne. Insofern diene beim öffentlich-rechtlichen Rundfunk die zuschauerattraktive Sendung als Vehikel für seine spezifische Programmaufgabe, nämlich die Sozialisation. Dies sei letztlich die Rechtfertigung öffentlich-rechtlichen Rundfunks und die Legitimation für die Gebührenfinanzierung.

Auch *Kops* argumentiert in ähnlicher Weise. Allerdings stellt er stärker darauf ab, dass bei Rundfunkprogrammen aus verschiedenen Gründen von einer nur eingeschränkten Konsumentensouveränität der Rezipienten auszugehen sei. Die These von der uneingeschränkten Marktfähigkeit aller Rundfunkprogramme halte einer genaueren ökonomischen Prüfung nicht stand. Dies gelte auch für die Zeit nach der Beseitigung der Übertragungsknappheiten und anderer traditionell genannter Marktmängel. Lediglich bei Programmformen und -inhalten, bei denen die traditionellen Marktmängel überhaupt keine Rolle mehr spielten, solle auf öffentlich-rechtliche Angebote verzichtet werden. Dies gilt nach seiner Auffassung für bestimmte massenattraktive Sportübertragungen und bestimmte Arten von reinen Unterhaltungsfilmen.

Festzuhalten bleibt aber, dass nach diesen Auffassungen der Auftrag des öffentlich-rechtlichen Rundfunks vor allem darin besteht, auch nicht marktfähige Angebote bereitzustellen. Der Bereich dieser Angebote wird allerdings unterschiedlich beschrieben.

Dabei spielt auch die Verknüpfung der Funktionen des öffentlich-rechtlichen Rundfunks und dessen Finanzierung durch Gebühren eine entscheidende Rolle, worauf noch einzugehen sein wird. Die Gebührenpflicht für alle rechtfertigt sich auch und gerade daraus, dass der öffentlich-rechtliche Rundfunk Programmbereiche bedient, die von privaten Veranstaltern nicht bedient werden können oder von denen jedenfalls nicht zu erwarten ist, dass sie in privaten Rundfunkprogrammen hinreichend Berücksichtigung finden. Daher ist der öffentlich-rechtliche Rundfunk gehalten, die gesamte Bandbreite interessanter Ereignisse mit seiner Berichterstattung abzudecken, auch und gerade dann, wenn sich dies für private Veranstalter mangels Massenattraktivität nicht rechnen würde. Gerade dieser Aspekt hat für den Umfang der Sportberichterstattung eine hohe Bedeutung. Der öffentlich-rechtliche Rundfunk muss den gesamten Bereich des Sports in seine Berichterstattung aufnehmen und darf sich nicht nur auf die „highlights" beschränken.

Zudem ist zu beachten, dass der öffentlich-rechtliche Rundfunk die Pflicht hat, auf die Tätigkeiten der privaten Konkurrenten flexibel zu reagieren und somit als Gegengewicht die Bildung vorherrschender Meinungsmacht bei neuen Programmformen zu verhindern. Dies wird besonders deutlich in der 5. Rundfunkentscheidung zum Ausdruck gebracht.[59] Nach dieser muss es in neu entstehenden Programmbereichen, etwa Spartenprogrammen, rundfunkähnlichen Kommunikationsdiensten und Lokalprogrammen die Möglichkeit einer öffentlich-rechtlichen Alternative geben, damit auch in neu entstehenden Bereichen publizistischer Wettbewerb stattfindet.

Hinzu kommt ein weiterer Gesichtspunkt. Im Programm des öffentlich-rechtlichen Rundfunks muss sich im föderalen Staat Deutschland auch die regionale Vielfalt widerspiegeln. Der Rundfunk ist insoweit Garant für den Kulturföderalismus, der die historische Rechtfertigung des deutschen Bundes-

---

[59] Vgl. *BVerfGE* 74, 297, 324 ff.

staates ist und sich in einer Vielgestaltigkeit widerspiegelt, die sich im Bereich des Politischen als besonderes Element der Gewaltenteilung und im Bereich der Kultur als Ansatzpunkt für eine Diskussion über die produzierten kulturellen Phänomene der einzelnen Regionen darstellt.[60]

Dies ergibt sich auch aus der demokratischen Aufgabe des öffentlich-rechtlichen Rundfunks. Es ist nämlich in Deutschland unbestreitbar, dass Meinungsbildung sowohl auf lokaler als auch auf regionaler, auf Landes- als auch auf Bundesebene stattfindet und sich die Demokratie in jeder dieser Ebenen verwirklicht. Da aber der einzelne Bürger vielleicht auf niedriger und überschaubarer Ebene am ehesten am Meinungsbildungsprozess teilhat und teilhaben will, hat das Bundesverfassungsgericht gerade dem regionalen und lokalen Rundfunkbereich zu Recht eine wachsende Bedeutung zugemessen.[61]

Dieser Bedeutung kann man nur gerecht werden, wenn auch in diesem Bereich eine eigenständige, gewachsene Rundfunkversorgung gewährleistet ist, die die Gesamtheit der lokalen und regionalen Themen aufnimmt. Dadurch werden übrigens nicht nur regionale Eigenheiten, sondern überhaupt verschiedene Stimmen und Ansichten zur Geltung gebracht, was den publizistischen Wettbewerb weiter fördert. Durch die Gewähr von Meinungspluralismus im regionalen Kontext erfüllt der öffentlich-rechtliche Rundfunk demnach auch im Bereich des Regionalfernsehens seine öffentliche Aufgabe. Diese Aufgabe wird nicht dadurch obsolet, dass zunehmend private Rundfunkveranstalter den publizistischen Wettbewerb aufnehmen und die Idee des Ballungsraumfernsehens umsetzen, in dessen Rahmen über regionale Themen und Ereignisse berichtet werden soll[62].

---

[60] Vgl. *Dörr*, Programmvielfalt im öffentlich-rechtlichen Rundfunk durch funktionsgerechte Finanzierung, Baden-Baden 1997/98, S. 19 f.; *ders.*, Rundfunkföderalismus auf dem Prüfstand, ZUM 1996, 617, 622 f.

[61] Vgl. *BVerfGE* 74, 297, 327.

[62] Mit der Errichtung eines „Intercity TV" will ein Zusammenschluß von Zeitungsverlegern von der Modernisierung des hessischen Privatrundfunkgesetzes profitieren und ein Ballungsraumfernsehen starten, dessen Programmproduktionen vornehmlich aus Hessen stammen sollen. Vgl. FUNK-Korrespondenz 12/2000, 18 und 23/2000, 20.

6. Die Funktionen des öffentlich-rechtlichen Rundfunks und die Finanzierung durch Rundfunkgebühren

Eine weitere Konkretisierung der Funktionen, die der öffentlich-rechtliche Rundfunk in der dualen Rundfunkordnung zu erfüllen hat, ergibt sich insbesondere aus der Gebührenfinanzierung. Dabei ist der Zusammenhang zwischen der Gebührenfinanzierung und den Aufgaben des öffentlich-rechtlichen Rundfunks von zentraler Bedeutung. Die Gebührenfinanzierung dient nämlich unbestrittenermaßen dazu, dass der öffentlich-rechtliche Rundfunk zur Erfüllung seiner für die Demokratie notwendigen Aufgaben überhaupt in der Lage ist. Nur unter diesem Blickwinkel ist die Leistungspflicht der Rundfunkempfänger dem Grunde nach gerechtfertigt, denn sie dient der Aufrechterhaltung eines umfassenden und ausgewogenen Rundfunkgesamtangebots, welches von Art. 5 Abs. 1 Satz 2 GG gefordert wird und daher im öffentlichen Interesse liegt. Daraus folgt aber auch die Verpflichtung des öffentlich-rechtlichen Rundfunks, diesen Funktionen und Aufgaben auch tatsächlich gerecht zu werden, also seine Funktionen umfassend zu erfüllen. Das Bundesverfassungsgericht hat in diesem Zusammenhang betont, dass das duale System in seiner gegenwärtigen Form nur soweit und solange verfassungsrechtlich hingenommen werden kann, als der öffentlich-rechtliche Rundfunk tatsächlich bereit und in der Lage ist, seine umfassenden Funktionen auch wirklich zu erfüllen.

Daher hat es dem Gesetzgeber auch aufgegeben, im Rahmen der von ihm zu schaffenden Ordnung sicherzustellen, dass der öffentlich-rechtliche Rundfunk auch finanziell in der Lage ist, seine Aufgaben zu erfüllen.[63] Eine sachgerechte Aufgabenerfüllung der öffentlich-rechtlichen Rundfunkanstalten bei der Meinungs- und politischen Willensbildung, bei der Versorgung der Bevölkerung mit Unterhaltung und Information sowie vor allem mit Kultur wäre nicht gewährleistet, wenn ihnen kein Anspruch auf funktionsgerechte Finanzausstattung zustünde und die Finanzierung etwa vom Belieben der staatlichen Entscheidungsträger abhinge. Denn die Bildung einer freien öffentlichen Meinung, die im Ergebnis den Staatswillen repräsentiert, wäre, worauf das

---

[63] *BVerfGE* 73, 118, 158.

Bundesverfassungsgericht bereits im 1. Fernsehurteil hingewiesen hat, undenkbar, wenn der Meinungsbildungsprozess von äußeren Faktoren, etwa durch den Staat, in bestimmte Richtungen beeinflusst werden könnte.[64] Um die Unabhängigkeit und die Aufgabenerfüllung zu gewährleisten, finanziert sich der öffentlich-rechtliche Rundfunk in der Bundesrepublik Deutschland daher überwiegend aus Gebühren. Diese Gebührenfinanzierung findet ihre Rechtfertigung in der Erfüllung der essentiellen Funktionen des Rundfunks und in der Gewährleistung der Grundversorgung für alle.[65] Das Bundesverfassungsgericht spricht in seiner Rechtsprechung stets davon, dass die Gebühr der Finanzierung der Gesamtveranstaltung Rundfunk in Deutschland diene, weshalb die Rundfunkgebühr das dem öffentlich-rechtlichen Rundfunk gemäße Finanzierungsmittel sei.[66]

Die Rundfunkgebühr kommt hierbei, wenn man einmal von dem den Landesmedienanstalten zugute kommenden 2 %-Anteil absieht, ausschließlich der Finanzierung öffentlich-rechtlichen Rundfunks zugute. Sie ist der Ausgleich für die Pflichtaufgabe aller öffentlich-rechtlichen Anstalten, die Vollständigkeit der Meinungsrichtungen darzustellen und insbesondere die Grundversorgungsaufgabe zu erfüllen.

Da die öffentlich-rechtlichen Rundfunkanstalten in ihrem Auftrag nicht auf einen fixen und für immer feststehenden Bereich beschränkt sind, sondern sie sich der dynamisch verändernden Rundfunklandschaft im Sinne des dynamisch zu verstehenden Grundversorgungsauftrags anzupassen haben und den darüber hinausgehenden Auftrag im Bereich der Zusatzversorgung erfüllen müssen, hat der Gesetzgeber von Verfassungs wegen auch finanziell dafür zu sorgen, dass sich der öffentlich-rechtliche Rundfunk entsprechend dem Entwicklungsprozess an neue Publikumsinteressen oder neue Formen und Inhalte anpassen kann. Ihm kommt somit laut Bundesverfassungsgericht nicht nur eine Bestands-, sondern auch eine Entwicklungsgarantie zugute, die ihn in die

---

[64] Vgl. *BVerfGE* 12, 205, 262.

[65] *BVerfGE* 73, 118, 158; 87, 181, 199 f.

[66] Vgl. *BVerfGE* 31, 314, 330.

Lage versetzen muss, seiner Aufgabe im dualen System auch in Zukunft in vollem Umfang gerecht zu werden.[67]

Die Rundfunkfreiheit verpflichtet somit den Gesetzgeber, auch im weiteren Verlauf der Rundfunkentwicklung für eine ausreichende Finanzierung des verfassungsrechtlich geschützten Programmauftrags zu sorgen. Andernfalls könnte nämlich die Rundfunkfreiheit, die eine staatliche Einflussnahme auf das Programm verbietet, durch finanzielle Maßnahmen, z.B. Innovationshindernisse, umgangen werden.[68] Hierbei ist es wichtig zu betonen, dass die finanzielle Gewährleistungspflicht nicht allein bei der Grundversorgung endet. Zumindest diese muss aber gewährleistet sein, solange das duale Rundfunksystem es hinnimmt, die Anforderungen an die Beiträge privater Rundfunkveranstalter zur Meinungsbildung zu vermindern, damit diese auf dem Markt bestehen können. Die Grundversorgung begrenzt also nicht das Betätigungsfeld des öffentlich-rechtlichen Rundfunks; die öffentlich-rechtlichen Rundfunkanstalten bestimmen vielmehr die Art und im gewissen Maß auch den Umfang ihrer Aufgabenerfüllung selbst und haben dabei Anspruch auf entsprechende finanzielle Mittel, soweit sie sich im Rahmen des zur Wahrung ihrer Funktion Erforderlichen halten.[69]

Daraus wird deutlich, welche Bedeutung der Gebührenfinanzierung zukommt. Auf der einen Seite ermöglicht sie dem öffentlich-rechtlichen Rundfunk, seine Grundversorgungsaufgabe und den darüber hinausgehenden Auftrag im Rahmen des „Funktionserforderlichen" zu erfüllen. Zum anderen gewährleistet die Rundfunkgebühr auch die sachliche Unabhängigkeit des öffentlich-rechtlichen Rundfunks. Denn nur so ist dieser in der Lage, aufgrund der professionellen Maßstäbe zu bestimmen, was der Rundfunkauftrag in publizistischer Hinsicht in den Einzelheiten verlangt. Es steht also fest, dass die Finanzierung der Tätigkeit des öffentlich-rechtlichen Rundfunks insgesamt hinreichend gesichert sein muss und dass den Anstalten auf diese Weise die Finan-

---

[67] *BVerfGE* 83, 238, 299 f.; kritisch hierzu beispielsweise *Degenhart*, Rundfunkfreiheit in gesetzgeberischer Beliebigkeit?, DVBl. 1991, 510, 513.

[68] So *BVerfGE* 83, 238, 310.

[69] *BVerfGE* 87, 181, 203.

zierung derjenigen Programme ermöglicht werden soll, deren Veranstaltung zur Wahrnehmung der spezifischen Funktionen erforderlich sind.[70]

Allerdings führt dies zu einem gewissen Dilemma, welches das Bundesverfassungsgericht selbst in seiner Gebührenentscheidung hervorgehoben hat.[71] Einerseits sind nämlich die Rundfunkanstalten in der Art und Weise der Funktionserfüllung grundsätzlich frei. Die Bestimmung dessen, was die verfassungsrechtlich vorgegebene und gesetzlich näher beschriebene Funktion publizistisch erfordert, steht ihnen selbst zu. In ihrer Entscheidung über die als nötig angesehenen Inhalte und Formen der Programme liegt auch die Entscheidung über Anzahl, Umfang und Zeitdauer der Programme. Andererseits kann nicht jede Programmentscheidung einer Rundfunkanstalt finanziell honoriert werden. Vielmehr ist die Heranziehung der Rundfunkteilnehmer zu Gebühren nur in dem Maße gerechtfertigt, das zur Funktionserfüllung geboten ist.

Die Gebührenentscheidung ist also keine freie, sondern eine gebundene Entscheidung. Allerdings lassen sich weder die Funktionen des öffentlich-rechtlichen Rundfunks noch die schutzwürdigen Interessen der Rundfunkteilnehmer soweit konkretisieren, dass daraus eine bestimmte Rundfunkgebühr dem Betrag nach ableitbar wäre. Daher hat das Bundesverfassungsgericht sich auch dazu entschlossen, eine verfahrensrechtliche Lösung anzubieten und im Gebührenurteil ein von den Grundzügen her neues Gebührenfestsetzungsverfahren entwickelt, das nunmehr in den §§ 1 ff. RFinStV seinen Niederschlag gefunden hat.[72]

Gerade die Verknüpfung der Gebührenfinanzierung mit den Aufgaben des öffentlich-rechtlichen Rundfunks, die diesem insbesondere im Hinblick auf die Defizite der privaten Anbieter zukommen, macht deutlich, dass der öffentlich-rechtliche Rundfunk auch und gerade diejenigen Bereiche programmlich abzudecken hat, die ansonsten im Programm keine Berücksichti-

---

[70] *BVerfGE* 74, 297, 342.

[71] *BVerfGE* 90, 60.

[72] Vgl. zu diesem Gebührenfestsetzungsverfahren im einzelnen *Hartstein/Ring/Kreile/-Dörr/Stettner*, Kommentar zum Rundfunkstaatsvertrag, Loseblatt, Stand 2. Ergänzungslieferung, München 2000, § 13 Rdnr. 17 ff. m.w.Nachw.

gung finden würden, also nicht „marktgerecht" sind. Das bedeutet keineswegs, dass der öffentlich-rechtliche Rundfunk auf Minderheiteninteressen und Außenseiterprogramme begrenzt oder beschränkt wäre. Dies ist aus dem bisher Gesagten schon hinreichend deutlich geworden. Vielmehr soll der öffentlich-rechtliche Rundfunk publizistisch insgesamt konkurrenzfähig bleiben; dem liegt nicht zuletzt die Überlegung zugrunde, dass ein öffentlich-rechtlicher Rundfunk, der das Hauptpublikum nicht mehr erreichen würde, seine Gebührenlegitimation mangels Akzeptanz zwangsläufig verlieren müsste. Nichts desto trotz bleibt die Verpflichtung festzuhalten, dass der öffentlich-rechtliche Rundfunk gerade auch nichtmarktfähige Ereignisse in seinem Programm im Sinne seines umfassenden Informationsauftrages berücksichtigen muss, unabhängig davon, ob sich dies durch Werbung refinanzieren lässt oder nicht.

IV. Die Funktionen des öffentlich-rechtlichen Rundfunks bei der Sportberichterstattung

1. Allgemeines

a) Die Bedeutung der Sportberichterstattung für den Zuschauer

Diese grundlegenden Aussagen zum Funktionsbereich des öffentlich-rechtlichen Rundfunks haben, gerade was das Fernsehen betrifft, gewichtige Konsequenzen für seine Rolle bei der Sportberichterstattung. Öffentlich-rechtlicher Rundfunk soll nicht zuletzt im Interesse einer funktionsfähigen Demokratie über die gesamte Bandbreite des öffentlichen Lebens der Bundesrepublik Deutschland umfassend berichten. Es ist daher ganz unbestritten, dass auch die Berichterstattung über den Sport zu den wichtigen Aufgaben des öffentlich-rechtlichen Rundfunks gehört. Einmal folgt dies daraus, dass der Sport im engen Zusammenhang mit den essentiellen Funktionen des öffentlich-rechtlichen Rundfunks für die demokratische Ordnung steht. Der Sport stellt mehr denn je einen gewichtigen Faktor des öffentlichen Lebens in der Bundesrepublik Deutschland dar. Meinungsforscher behaupten, daß mehr Menschen am Sport interessiert sind als an Politik. Sport gilt nach dem Wetter als Kommunikationsinhalt Nummer 2[73]. Gerade in den letzten 25 Jahren hat der Sport eine gesellschaftliche Bedeutung erlangt, die kaum jemand voraussah. Dies liegt daran, dass die Bundesrepublik Deutschland nicht zu Unrecht als eine „Freizeitgesellschaft" bezeichnet wird. Bei der Freizeitgestaltung nimmt der Sport in seinen ganz unterschiedlichen Erscheinungsformen eine überragend wichtige Rolle ein. Darüber hinaus kommt dem Sport, insbesondere dem Vereinsleben, eine wichtige integrierende Funktion zu. Die mannigfaltigen Aktivitäten der Sportvereine haben herausragende soziale Bedeutung; beispielhaft zu nennen ist etwa der Bereich des Behindertensports.[74] Neben dieser integrierenden Rolle des Sports sind sportliche Großereignisse zu einer

---

[73] *Pleitgen*, Der Sport im Fernsehen, Arbeitspapiere des Instituts für Rundfunkökonomie an der Universität zu Köln, Heft 127, S.1.

[74] Vgl. zur Bedeutung des Sports etwa *A. Scharf*, Sport und Medien in Europa, in: *B. Schneider* (Hrsg.), Sport und Medien in Europa, Saarbrücken 1997, S. 21 ff.

wesentlichen Facette nationalen Ehrgeizes, nationalen Stolzes und nationaler Identität geworden. Vor allem Direktübertragungen von Sportereignissen vermitteln dem Zuschauer das Gefühl, gleichsam unmittelbar am Geschehen teilzunehmen und erreichen dadurch eine emotionale Beteiligung am Gewinnen oder Verlieren. Durch die Identifikation mit einer Mannschaft oder einer Einzelperson können Sportübertragungen lokal, regional und national polarisierend oder integrierend wirken[75]. Damit stellt der Sport auch einen wichtigen Anknüpfungspunkt für eine breite Kommunikation in der Gesellschaft dar.

b) Die Sportberichterstattung als Wirtschaftsfaktor

Schließlich kommt dem Sport eine bedeutsame wirtschaftliche Funktion zu. Dabei ist nicht nur der unmittelbare Wert nationaler und internationaler Ereignisse in Rechnung zu stellen, der sich in Umsatzzahlen und Gewinnmargen ausdrückt, die sich aus Eintrittspreisen, Einnahmen aus Fernsehrechten, Werbung und Sponsoring zusammensetzen. Schon diese Umsätze und Gewinne sind gewaltig. So wurden etwa bei den Olympischen Spielen von Los Angeles Gewinne von ca. 150 Millionen Dollar erwirtschaftet und Sydney rechnet für die Olympischen Spiele im Jahr 2000 ebenfalls mit einem Überschuss in zweistelliger Millionenhöhe. Das IOC nimmt aus Fernsehrechten, Sponsoring und Marketing mehr als 3,5 Milliarden Mark für die Olympische Periode 1997 bis 2000 ein. 60 Prozent davon gehen an das Organisationskomitee von Sydney, den Rest teilen sich das IOC, die Nationalen Olympischen Komitees (NOK) und die Sportverbände[76]. Zudem muss man die Bedeutung des Sports in einer Freizeitgesellschaft für ganze Wirtschaftsbranchen berücksichtigen, etwa für die Bekleidungs- und Sportartikelindustrie, die Werbewirtschaft, die Medienelektronik und den Tourismus. Es gibt schließlich kaum einen Wirtschaftszweig, der den Sport nicht zum massenattraktiven Vorteil, also zur

---

[75] *Diesbach*, Pay-TV oder Free-TV? S.56; *Meckel*, Fernsehen ohne Grenzen?, S.246; vgl. auch *Amsick*, Der Sportrechtemarkt in Deutschland, Media Perspektiven 2/97, 62, 63.

[76] Die 28 internationalen Sommersportverbände (IF), die bei den Olympischen Spielen in diesem Herbst in Sydney vertreten sind, erhalten aus den Fernsehrechten und Marketing-Einnahmen des Internationalen Olympischen Komitees (IOC) insgesamt rund 161 Millionen Dollar, dpa v. 14.8.00, www.rp-online.de/news/sport/2000-0421/gelder.html.

Produktpromotion nutzt. Demnach ist der Sport zu einem wichtigen Wirtschaftsfaktor geworden, der Arbeitsplätze und Renditen sichert.[77]

c) Sport als Teil des kulturellen Lebens

Zum anderen hat gerade der öffentlich-rechtliche Rundfunk die Aufgabe, das kulturelle Leben in der Bundesrepublik Deutschland widerzuspiegeln. Auch dies verpflichtet ihn, über den Sport, insbesondere den Breitensport und die gesellschaftliche Dimension des Sports, umfassend zu berichten. Dabei muss man nämlich hervorheben, dass insoweit der kulturelle Auftrag des Rundfunks nicht im Sinne der sogenannten „Hochkultur" gebraucht wird. Zwar gibt es auch im Rundfunkrecht bestimmte Regelungen, in denen der Kulturbegriff enger verwendet wird. Dies gilt etwa für § 19 RStV, der in seinem Absatz 1 gemeinsame Satellitenfernsehprogramme von ARD und ZDF mit kulturellem Schwerpunkt zum Gegenstand hat. Aber selbst dort wird der Kulturbegriff nicht im Sinne bloßer „Hochkultur" verwendet. Vielmehr sind hier durchaus auch Sendungen der „Jazzmusik", „Kinoklassiker" usw. einbezogen.[78] Dieses begrenzte Verständnis ist aber keineswegs gemeint, wenn das Bundesverfassungsgericht vom kulturellen Auftrag des öffentlich-rechtlichen Rundfunks spricht. Vielmehr geht es gerade um den „erweiterten Kulturbegriff", der sich zum Ziel gesetzt hat, in einem umfassenden Sinne ein Bild vom politischen, gesellschaftlichen und sonstigen geistigen Leben in Deutschland in all seinen Schattierungen zu vermitteln. Demnach ist dieser erweiterte Kulturbegriff, der auch der deutschen auswärtigen Kulturpolitik zugrunde liegt, kaum anders zu verstehen als der umfassende Funktionsauftrag, den die deutschen öffentlich-rechtlichen Rundfunkanstalten als public service im Inland gegenüber der in Deutschland ansässigen Bevölkerung zu erfüllen haben. Selbst das Programm des von Deutschland und Frankreich getragenen europäischen „Kulturkanals" ARTE geht inzwischen von diesem erweiterten, sich nicht auf „high culture" beschränkenden Kulturbegriff für

---

[77] A. Scharf (vgl. Fn. 74), S. 22 f.

[78] Vgl. zum Kulturbegriff des § 19 Abs. 1 RStV eingehend Hartstein/Ring/Kreile/Dörr/-Stettner, (vgl. Fn. 72), § 19, Rdnr. 7.

sein Programm aus.[79] Hierbei muss auch berücksichtigt werden, dass der Sport - gerade was den Breitensport, das Vereinsleben und seine integrierenden Funktionen betrifft - zu den wichtigen gesellschaftlichen Erscheinungsformen gehört. Dabei soll keineswegs die wirtschaftliche Bedeutung des Sports, gerade was den Hochleistungssport betrifft, ausgeblendet werden. Neben dieser wirtschaftlichen Bedeutung des Sports ist aber auch zu konstatieren, dass er auch - zumindest teilweise - zum Bereich der Kultur im Sinne des weit verstandenen Kulturbegriffs zu zählen ist.

Festzuhalten bleibt jedenfalls, dass nach deutschem, vom Bundesverfassungsgericht vorgegebenen Verständnis, der Sport in vielen Teilbereichen als Teil der Kultur angesehen werden muss. Daher hat insbesondere der öffentlich-rechtliche Rundfunk mit seinem verfassungsrechtlich und gesetzlich vorgegebenen Funktionsauftrag die Aufgabe, den kulturellen Bereich des Sports in seine Berichterstattung aufzunehmen. Die sogenannte Grundversorgungsaufgabe des öffentlich-rechtlichen Rundfunks und sein kultureller Auftrag sind dabei nach deutschem weiten Kulturverständnis im wesentlichen deckungsgleich. Man kann es auch mit *Oppermann* dahingehend ausdrücken, dass im sogenannten Grundversorgungsauftrag die politisch-demokratische und die kulturelle Aufgabe des öffentlich-rechtlichen Rundfunks eine Symbiose eingehen.[80]

Insoweit ist auch die Auffassung in einem Arbeitspapier der Generaldirektion IV der Europäischen Kommission zurückzuweisen, welches dies aus europarechtlichen Gründen in Abrede stellt.[81] In diesem Diskussionspapier geht es um den Zusammenhang zwischen Gebühren und Angeboten des öffentlich-rechtlichen Rundfunks unter Berücksichtigung der Art. 87, 88 und 86 EGV. In diesem Diskussionspapier wird jedenfalls tendenziell die Auffassung vertreten, dass die Sportberichterstattung nicht zu den öffentlichen Aufgaben gehöre und daher nicht zu dem Tätigkeitsbereich des öffentlich-rechtlichen

---

[79] Vgl. dazu *Oppermann*, ARTE - Ein Experiment in europäischer Kultur, Festschrift Grabitz, 1995, 483, 494 ff.

[80] So zutreffend *Oppermann*, Deutsche Rundfunkgebühren und Europäisches Beihilferecht, 1997, S. 82.

[81] Vgl. dazu Diskussionspapier der DG IV zur Anwendung der Art. 90 Abs. 2, 92 und 93 EGV im Rundfunksektor, abgedruckt in epd medien Nr. 77 vom 3. Oktober 1998, 26 ff.

Rundfunks, der mittels Gebühren finanziert werden dürfe. Ohne dass an dieser Stelle vertieft auf die Beihilfebestimmung des Art. 87 EGV und die Gebührenfinanzierung des öffentlich-rechtlichen Rundfunks eingegangen werden muss,[82] kann jedenfalls festgehalten werden, dass die Auffassung, wonach die Sportberichterstattung nicht zum Funktionsbereich des öffentlich-rechtlichen Rundfunks gehöre, verfehlt ist. Dies ergibt sich nicht nur aus einer Analyse des Art. 87 Abs. 1 EGV, sondern auch und vor allem aus dem Protokoll über den öffentlich-rechtlichen Rundfunk in den Mitgliedstaaten, auf das sich die Regierungschefs der Mitgliedstaaten der Europäischen Union während ihres Gipfeltreffens in Amsterdam am 17. Juni 1997 verständigt haben, und das als Bestandteil des Amsterdamer Vertrags zusammen mit dem geänderten EGV am 2. Oktober 1997 unterzeichnet wurde. Der Amsterdamer Vertrag ist zusammen mit dem Protokoll im Jahr 1999 in Kraft getreten. Der Inhalt dieses Protokolls ist durch eine Entschließung des Rates und der im Rat vereinigten Vertreter der Regierungen der Mitgliedstaaten über den öffentlich-rechtlichen Rundfunk am 25.01.1999 bestätigt worden. Das Protokoll hat folgenden deutschen Wortlaut:

---

[82] Vgl. zu dieser Problematik eingehend *Dörr/Cloß*, Die Vereinbarkeit der Gebührenfinanzierung des Österreichischen Rundfunks mit dem EG-Beihilferecht, ZUM 1996, 105 ff.; *Dörr*, Die öffentlich-rechtliche Rundfunkfinanzierung und die Vorgaben des EG-Vertrages, in: Rechtliche und ökonomische Fragen der Finanzierung des öffentlichen Rundfunks im Lichte des europäischen Rechts, 1998; *Schellhaas*, Ist die Rundfunkgebühr eine unzulässige Beihilfe? Eine ökonomische Analyse, in: Rechtliche und ökonomische Fragen der Finanzierung des öffentlichen Rundfunks im Lichte des europäischen Rechts, 1998; *Frey,* Das öffentlich-rechtliche Fernsehen im Wettbewerbsrecht der EG, ZUM 1999, 528 ff; *Eberle*, Aktivitäten der EU auf dem Gebiet der Medien und ihre Auswirkungen auf den öffentlich-rechtlichen Rundfunk, ZUM 1995, 163 ff.; *Engel*, Europarechtliche Grenzen für öffentlich-rechtliche Spartenprogramme, 1996; *Fröhlinger*, EG-Wettbewerbsrecht und Fernsehen, RuF 1993, 59 ff.; *Holzer*, Deutsche Rundfunkgebühren als unzulässige Beihilfe im Sinne des europäischen Rechts, ZUM 1996, 274 ff.; *Oppermann*, Deutsche Rundfunkgebühren und Europäisches Beihilferecht, 1997; *Selmer/Gersdorf*, Die Finanzierung des Rundfunks in der Bundesrepublik Deutschland auf dem Prüfstand des EG-Beihilferegimes, 1994.

Protokoll

über den öffentlich-rechtlichen Rundfunk in den Mitgliedstaaten

„Die hohen Vertragsparteien -

in der Erwägung, dass der öffentlich-rechtliche Rundfunk in den Mitgliedstaaten unmittelbar mit den demokratischen, sozialen und kulturellen Bedürfnissen jeder Gesellschaft sowie mit dem Erfordernis verknüpft ist, den Pluralismus in den Medien zu wahren -

haben folgende auslegende Bestimmung vereinbart, die dem Vertrag zur Gründung der Europäischen Gemeinschaft beigefügt wird:

Die Bestimmungen dieses Vertrages zur Gründung der Europäischen Gemeinschaft berühren nicht die Befugnis der Mitgliedstaaten, den öffentlich-rechtlichen Rundfunk zu finanzieren, sofern die Finanzierung der Rundfunkanstalten den öffentlich-rechtlichen Auftrag, wie er von den Mitgliedstaaten den Anstalten übertragen, festgelegt und ausgestaltet wird, dient und die Handels- und Wettbewerbsbedingungen in der Gemeinschaft nicht in einem Ausmaß beeinträchtigt, das dem gemeinsamen Interesse zuwiderläuft, wobei den Erfordernissen der Erfüllung der öffentlich-rechtlichen Aufgaben Rechnung zu tragen ist."

Dieses Protokoll ist keineswegs eine Absichtserklärung, sondern ein integrierter rechtsverbindlicher Bestandteil des EGV.[83] Dabei verdeutlicht sein Einleitungssatz, dass es sich um eine auslegende Bestimmung handelt. Das bedeutet, dass das Protokoll das Primärrecht nicht selber modifiziert. Es hat vielmehr klarstellenden Charakter. Es zeigt aber, wie die entsprechenden Bestimmungen des Vertrages nach dem übereinstimmenden Willen der Mitgliedstaaten, die immerhin die „Herren der Verträge" sind, verstanden werden sollen. Daher hat es schon jetzt für die Auslegung des EGV eine nicht zu unterschätzende Bedeutung, da sich aus ihm ergibt, wie die Mitgliedstaaten übereinstimmend das Primärrecht verstehen. Das Protokoll erkennt - und dies

---

[83] Vgl. auch *Dörr*, Europ. Medienrecht – Entscheidungen im Jahr 1999 in: Global@home, Jahrbuch Telekommunikation und Gesellschaft 2000, S. 474, 475.

ist im vorliegenden Zusammenhang entscheidend - ausdrücklich die Kompetenz der Mitgliedstaaten an, dem öffentlich-rechtlichen Rundfunk einen bestimmten Aufgabenkreis oder Funktionsbereich zu übertragen, festzulegen und auszugestalten, sowie deren Grenzen zu bestimmen. Dies verdeutlicht und bestätigt das auch aus Art. 151 V EGV abzuleitende Ergebnis, dass es Sache der Mitgliedstaaten ist, den Aufgabenbereich der öffentlich-rechtlichen Rundfunkanstalten zu bestimmen. Demnach steht es der Kommission als Organ der Gemeinschaft nicht zu, ihrerseits den Funktionsbereich des öffentlich-rechtlichen Rundfunks verbindlich festlegen zu wollen. Dies ist und bleibt Sache der Mitgliedstaaten und ihrer Untergliederungen. Daher ist es der Bundesrepublik Deutschland und den anderen Mitgliedstaaten unbenommen, dem öffentlich-rechtlichen Rundfunk einen weiten Funktionsbereich, zu dem auch Sport und Unterhaltung gehören, zuzuerkennen.

d) Die Bedeutung der Sportberichterstattung für die Sportverbände

Für die Sportvereine und -verbände bedeutet die Sportberichterstattung erhöhte Aufmerksamkeit. Die Attraktivität einer Sportart wird durch die Berichterstattung gesteigert, vor allem bei Übertragungen von Spitzenereignissen unter Beteiligung großer Stars (so z.B. bei dem durch die Erfolge von Steffi Graf und Boris Becker ausgelösten Tennis-Boom Mitte der achziger Jahre). Durch die Berichterstattung wird Werbung für den Sport betrieben wovon gerade Randsportarten profitieren können. Darüber hinaus ist festzustellen, dass die Einnahmen durch Fernsehgelder wiederum in den Sport investiert werden, sei es zum Ausbau eines Teams oder eines Stadions, sei es zur Unterstützung der eigenen Jugendarbeit[84]

2. Die Berichterstattung über sportliche Großereignisse

Die Hinweise auf die besondere kulturelle Verantwortung des öffentlich-rechtlichen Rundfunks und seine Aufgabe, gerade auch Minderheiteninteressen zu bedienen, bedeuten nicht, dass er von der Berichterstattung über sport-

---

[84] *Diesbach*, (vgl. Fn.75), S.56/57.

liche Großereignisse ausgeschlossen werden darf oder soll. Dies hat auch das Bundesverfassungsgericht in seinem Urteil vom 17.2.1998 über die Kurzbe-richterstattung[85] deutlich gemacht. Gerade Berichte über herausragende Sportveranstaltungen hängen eng mit der Informationsaufgabe des Fernsehens im allgemeinen und der öffentlich-rechtlichen Rundfunkveranstalter im besonderen zusammen. Dabei beschränkt sich die Informationsfunktion des Fernsehens nicht auf politische Informationen in einem eng verstandenen Sinne. Vielmehr umfasst die Meinungsbildung alle Gegenstände des öffentlichen Interesses, ohne dass von außen bestimmte Kriterien für die angebliche Relevanz oder Irrelevanz solcher Themen vorgegeben werden dürfen. Gerade deswegen gehört zur Information im Sinne des klassischen Rundfunkauftrages, der mit der demokratischen Funktion des öffentlich-rechtlichen Rundfunks eng verbunden ist, auch die uneingeschränkte Information über den Sportbereich unter Zugrundelegung publizistischer Kriterien. Die Bedeutung großer Sportereignisse erschöpft sich nicht in einem reinen Unterhaltungswert. Vielmehr erfüllen sportliche Großereignisse wichtige gesellschaftliche Funktionen. Der Sport bietet, wie auch das Bundesverfassungsgericht in seinem Urteil zur Kurzberichterstattung betont hat, Identifikationsmöglichkeiten im lokalen und nationalen Rahmen und ist ein bedeutsamer Anknüpfungspunkt für breite Kommunikation in der Bevölkerung.[86] Die vom öffentlich-rechtlichen Rundfunk geforderte umfassende Berichterstattung lässt sich daher unter Verzicht auf sportliche Großereignisse nicht verwirklichen.

Hinzu kommt ein weiterer besonders bedeutsamer Aspekt. Das Bundesverfassungsgericht hat - wie dargelegt - stets betont, dass ein duales System vor allem für publizistische Konkurrenz zu sorgen hat. Dies schließt eine Monopolisierung der Berichterstattung über bestimmte Gegenstände von allgemeiner Bedeutung oder allgemeinem Interesse gerade aus. Ein Grund dafür liegt darin, dass bei einer Monopolisierung der Berichterstattung über sportliche Großereignisse Missbrauchsmöglichkeiten eröffnet würden, die sich nachträglich nur ganz schwer eindämmen ließen. Zum einen besteht in der heutigen Zeit, die durch große Firmenfusionen und -kooperationen sowie Unter-

---

[85] Vgl. *BVerfG*, NJW 1998, 1627; Media Perspektiven, Dokumentation I/1998.
[86] Vgl. *BVerfG*, NJW 1998, 1627, 1629.

nehmenskommunikation via Sponsoring geprägt ist, die Gefahr, dass die Berichterstattung eines Senders sehr zugunsten der Sportler, Sportarten oder -verbände ausfällt, mit denen er in irgendeiner Weise wirtschaftlich verbunden ist[87]. Zum anderen sind Monopole in jedem Informationssektor, also auch bei der Berichterstattung über sportliche Großereignisse, der freien Meinungsbildung abträglich, weil sie uniforme Berichterstattung begünstigen. Die Rundfunkfreiheit des Art. 5 Abs. 1 Satz 2 GG und die Informationsfreiheit des Art. 5 Abs. 1 Satz 1 GG verlangen aber plurale Darstellungen, weil die durch das Fernsehen vermittelte Information nicht lediglich Abbild der Wirklichkeit, sondern stets Ergebnis eines Auswahl-, Deutungs- und Aufbereitungsprozesses ist. Das macht es notwendig, dass dem Zuschauer konkurrierende Auswahl-, Deutungs- und Aufbereitungsmuster angeboten werden und zur Verfügung stehen. Dies schließt es aus, dass etwa die Information von sportlichen Großereignissen durchgängig kommerzialisiert wird und der öffentlich-rechtliche Rundfunk von der Berichterstattung dieser Ereignisse ausgeschlossen werden kann.

Gerade die Auswahl der Themen bei der Sportberichterstattung wurde kürzlich von Minister Reiche, dem Vorsitzenden der Sportministerkonferenz, kritisiert. Er äußerte sich hierbei besorgt über das Bild, das der Zuschauer vom Sport im Fernsehen vermittelt bekomme[88]. Das öffentliche Bild des Sports werde inzwischen höchst einseitig von kaum einer Handvoll Sportarten, von Medaillen und Rekorden, Dopingfällen und hoch bezahlten Stars beherrscht. Hier liegt auch eine Gefahr der Berichterstattung durch die werbefinanzierten privaten Sender. Da Stars und Skandale immer hohe Einschaltquoten versprechen, ist die Versuchung eines Senders bei Quotenabhängigkeit natürlich groß, solche Skandale evtl. in den Vordergrund zu drängen, um nicht zu sa-

---

[87] Sogar hinsichtlich des Sponsorenvertrages von ARD und dem Telekom-Radsportteam wurde von Kritikern bemängelt, in der Berichterstattung über die Tour de France habe der ARD in den letzten Jahren eine journalistische Unabhängigkeit und Distanz zum Radsportteam der Telekom gefehlt. Auch SR-Intendant *Fritz Raff* erklärte gegenüber der Presse mit Verweis auf auch ARD-interne Kritik, es sei „journalistisch gesehen nicht das Schlimmste, wenn dieses Sponsorenverhältnis endet", FK Nr.31-32/2000, 9.

[88] *Steffen Reiche*, Minister für Forschung, Wissenschaft und Kultur in Brandenburg, auf der Tagung, „Die Darstellung des Sports im Fernsehen" am 31.3.2000 in Mainz, die vom DSB und der Sportministerkonferenz (SMK) veranstaltet wurde, vgl. FK Nr.15/2000, 29.

gen, diese zu „produzieren"[89]. Der Schwerpunkt der Berichterstattung liegt dann jedoch nicht bei den Sportlern, die den fairen und regelgerechten Wettkampf betreiben, sondern bei den „schwarzen Schafen". Hier ist von dem quotenunabhängigeren öffentlich-rechtlichen Rundfunk eine objektive, ausgewogene Berichterstattung gefragt, die den Tendenzen zur Verflachung, Boulevardisierung und Personalisierung entgegenwirkt.

Demnach bleibt festzuhalten, dass sowohl der klassische Rundfunkauftrag, als auch der Gesichtspunkt publizistischer Konkurrenz sowie die Verhinderung von Berichterstattungsmonopolen zwingend dafür sprechen, dem öffentlich-rechtlichen Rundfunk auch die Aufgabe zu belassen, über sportliche Großereignisse in seinen Fernsehprogrammen zu berichten. Der Gesetzgeber ist durch geeignete Maßnahmen gehalten, Informationsmonopole in diesem Bereich zu verhindern und dafür zu sorgen, dass dem öffentlich-rechtlichen Rundfunk prinzipiell die Möglichkeit erhalten bleibt, sportliche Großereignisse in seine Berichterstattung aufzunehmen.[90]

Eine solche Regelung hat er dadurch getroffen, dass er mit § 5 RStV ein Recht auf unentgeltliche[91] Kurzberichterstattung über Veranstaltungen und Ereignisse, die öffentlich zugänglich und von allgemeinem Informationsinteresse sind, festgeschrieben hat.

Darüber hinaus regelt der mit dem 4. Rundfunkänderungsstaatsvertrag eingefügte § 5a RStV seit 1. April 2000 die Übertragung von Großereignissen, d.h. von Ereignissen von erheblicher gesellschaftlicher Bedeutung, die im Free-TV empfangbar bleiben sollen. § 5a Abs. 3 RStV dient der Umsetzung von Art. 3a Abs. 3 der revidierten Fernsehrichtlinie der Europäischen Gemeinschaft, der den Mitgliedstaaten die Möglichkeit gibt, diesbezügliche Schutzlisten zu erlassen („list of major events"). Folgende Sportereignisse sind nach der deutschen Regelung geschützt:

---

[89] Vgl. auch *Hans Wilhelm Gäb*: „Um Nachfrage zu erzeugen und Nachfrage zu befriedigen, werden die Medien damit fortfahren, das wirkliche Gesicht des Sports zu schminken und seine Abläufe zu dramatisieren. FAZ vom 18.7.2000, S. 14 „Brot und Spiele".

[90] Vgl. dazu eingehend *BVerfG*, NJW 1998, 1627, insbesondere 1629.

- die Olympischen Sommer- und Winterspiele;

- die Fußball-Europa- und Weltmeisterschaften mit deutscher Beteiligung, sowie – unabhängig von deutscher Beteiligung – das Eröffnungsspiel, die Halbfinalspiele und das Endspiel;

- das Finale um den DFB-Pokal;

- Heim- und Auswärtsspiele der deutschen Fußball-Nationalmannschaft;

- die Endspiele der europäischen Vereinsmeisterschaften im Fußball (Champions-League und UEFA-Cup) bei deutscher Beteiligung.

3. Die Finanzierbarkeit von Sportrechten

Der Rechteinhaber muß die Übertragung im Free-TV allerdings nur zu angemessenen Bedingungen ermöglichen, d.h. die Regelung gibt dem öffentlich-rechtlichen Rundfunk (und ebenso den privaten Free-TV Sendern) zwar grundsätzlich die Möglichkeit, die Senderechte für diese Großereignisse zu erwerben, fraglich ist jedoch, in welchem Umfang die öffentlich-rechtlichen Sender diese Berichterstattung noch finanzieren können und sollen.

Für die europäischen Rechte an den Olympischen Spielen musste die EBU von 1980 bis 2008 eine Steigerungsrate von 7700 Prozent hinnehmen[92]. Die Rechte an der Fußball-Bundesliga kosteten ARD und ZDF für die Spielzeit 1987/88 noch 18 Millionen DM,[93] inzwischen zahlt Kirchs Mediengruppe 750

---

[91] Das Recht auf *unentgeltliche* Kurzberichterstattung wird vom Bundesverfassungsgericht verneint, *BVerfG*, NJW 1998, 1627, 1630; Media Perspektiven, Dokumentation I/98, 26 (S.51 d.Urteils).

[92] Die Europarechte für die Moskauer Spiele von 1980 kosteten noch 9 Millionen DM, für die Olympischen Sommerspiele 2008, deren Gastgeber noch nicht einmal feststeht, mußten schon rund 700 Millionen DM bezahlt werden, *Pleitgen*, (vgl. Fn.73), S.12. Für die europäischen Rechte an der EM 2004 in Portugal bezahlte die EBU insgesamt 800 Millionen DM, der Anteil der ARD beträgt 90 Millionen DM, *Pleitgen*, (vgl. Fn.73), S.11; „Die Welt" vom 11.8.2000.

[93] Für die Spielzeiten 1988/89 bis 1990/91 zahlte die UFA schon 180 Millionen DM, 1999/2000 mußte der gleiche Betrag allein für die Free-TV-Rechte für nur eine Spielzeit aufgebracht werden, *Pleitgen*, (vgl. Fn.73), S.2.

Millionen für die gesamten Übertragungsrechte[94]. Als Konsequenz gibt es ab August dieses Jahres in Deutschland keine Live-Übertragungen der Fußball-Bundesliga im frei empfangbaren Fernsehen mehr[95], da die Refinanzierung solcher Kosten nur durch Nutzung der gesamten Verwertungskette möglich ist, d.h. Erstausstrahlung im Pay-per-view Verfahren, Zweit- und Drittverwertung in den angegliederten Free-TV Kanälen. Das ZDF hat allerdings die Zweitverwertungsrechte für die Bundesliga-Saison 2000/2001 im bisherigen Umfang für 80 Millionen erworben, d.h. musste viermal soviel wie bisher bezahlen[96].

Angesichts dieser immensen Preiserhöhungen stellt sich die Frage, ob sich solche Kosten noch mit dem öffentlich-rechtlichen Funktionsauftrag rechtfertigen lassen. Die Gebührenfinanzierung kann hier sowohl dafür als auch dagegen sprechen. Zum einen könnte man argumentieren, der Zuschauer habe als Gegenleistung für seine Gebühren ein Anrecht darauf, die von einer breiten Öffentlichkeit gewünschten Sportsendungen zu sehen[97]. Andererseits verlangt die Gebührenfinanzierung ein breites Angebot, das durch hohe Kosten für ein einzelnes Angebot stark eingeschränkt wird.

Eine Beurteilungshilfe geben hier die beiden Regelungen, die der Gesetzgeber getroffen hat. Als wichtig werden zum einen Kurzinformationen über Ereignisse von allgemeinem Informationsinteresse, zum anderen die vollständige Übertragung von wenigen ausgewählten Großereignissen von erheblicher ge-

---

[94] „TV-Revolution: Gleichzeitig in allen Stadien", Die Welt vom 11.8.2000.

[95] Live Übertragungen sind seit dem 11.August ausschließlich bei Premiere World zu sehen. Premiere World bietet über seine Kanal „Sports World" alle 306 Spiele live an. Sechs der neun Begegnungen werden im Pay-per-view Verfahren (PPV) gezeigt, d.h. der Kunde hat ein zusätzliches Entgelt zum Basisabonnement zu entrichten. Das Saisonticket mit allen PPV-Spielen kostet DM 299.-, Süddeutsche Zeitung vom 11.7.2000, „Der totale Kick" (bzw. DM 349.- seit dem 11.8.00, FK 30/2000, S.25). Bereits über 110 000 Kunden haben das Saisonticket bestellt.

[96] FK 30/2000, S.25; für die DFB-Spiele bezahlten ARD und ZDF 720 Millionen DM, Die Welt vom 11.8.2000.

[97] In einer Umfrage äußerten 92 Prozent der Befragten die Präferenz, dass große Sportevents weiterhin im öffentlich-rechtlichen Fernsehen ausgestrahlt werden sollten, 90 Prozent der Befragen sind der Ansicht, dass die Sportübertragungen der kommerziellen Sender zu häufig durch Werbung unterbrochen werden, *Zubayr/Gerhard*, Die Fußballweltmeisterschaft 1998 in Frankreich, Media Perspektiven 12/98, 594, 599.

sellschaftlicher Bedeutung eingestuft. Beide Regelungen tragen auch der Überlegung Rechnung, dass der öffentlich-rechtliche Rundfunk zwar im Rahmen seines Auftrags zur Information über besonders wichtige sportliche Ereignisse, insbesondere auch von internationalen Begegnungen, verpflichtet ist, zur Erfüllung dieser Aufgabe kann er sich jedoch auf wesentliche Informationen beschränken. Der öffentlich-rechtliche Rundfunk muß somit gerade **nicht** gesamte Spiele zur Unterhaltung der Zuschauer anbieten, wenn diese in keinem Verhältnis zu den dazu nötigen Kosten steht. Etwas anderes gilt nur für wenige ausgewählte Ereignisse, deren kostenlose Emfangbarkeit sichergestellt sein soll.

Auch einen Anspruch auf *kostenlose* Kurzberichterstattung hat das BVerfG zwar verneint. Das Kurzberichterstattungsrecht darf jedoch nicht durch ein überhöhtes Entgelt ausgehöhlt werden. Da es um die Wahrung eines öffentlichen Belangs gehe, dürfe die Bestimmung des Entgelts nicht in das Belieben des Veranstalters gestellt werden.[98] Bei der Bemessung des Entgelts für die Kurzberichterstattung sei zu berücksichtigen ist, dass hierbei nicht der wirtschaftlich interessante Unterhaltungswert der Veranstaltungen vermittelt werde, sondern lediglich die nachrichtenmäßige Wiedergabe, so dass sich das dafür zu entrichtende Entgelt auch nicht an den vertraglichen Verwertungsrechten orientieren dürfe.

Im Ergebnis bedeutet dies, dass für die genannten Ereignisse wie Olympische Spiele[99], WM, etc. auch eine größere Ausgabe durchaus vertretbar ist, ebenso

---

[98] *BVerfG*, NJW 1998, 1627, 1630, Media Perspektiven, Dokumentation I/98, 26 (S.51 d. Urteils).

[99] Auf einer Pressekonferenz in Hamburg, bei der das Fernseh- und Hörfunkprogramm von ARD und ZDF während der 17 Tage von Sydney vorgestellt wurde, äußerte sich *Jürgen Kellermeier*, NDR-Programmdirektor und Teamchef der beiden öffentlich-rechtlichen Rundfunkanstalten über das Ausmaß der Berichterstattung:„Die Berichterstattung von den Olympischen Spielen in Sydney wird das aufwendigste und größte Ereignis sein, von dem ARD und ZDF jemals berichtet haben. In keinem anderen Land der Welt wird von den Olympischen Spielen mehr zu sehen und zu hören sein als in Deutschland.", FAZ vom 31.7.2000, „27 Stunden täglich – auch wenn Olympia längst schläft". ARD und ZDF, die sich mit der Berichterstattung abwechseln, senden täglich jeweils 20 Stunden. Und für die Olympischen Spiele wird der Kulturkanal 3Sat zum Teil wieder in einen Sportsender umgewandelt. Er wird sich auf die Ballsportarten spezialisieren und täglich sechs Stunden für Sydney auf Sendung sein. Die Produktionsko-

wie ein angemessener Betrag für Kurzberichte über Fußballbundesliga etc., nicht mehr jedoch die immensen Summen, die bspw. heute für die Bundesliga-live Übertragungen bezahlt werden müssen. Hier endet die Pflicht und das Recht der öffentlich-rechtlichen Sender zur Sportberichterstattung.

Insgesamt bleibt demnach festzuhalten, dass der öffentlich-rechtliche Rundfunk im Rahmen seiner Funktionen und unter Abwägung des wirtschaftlichen Aufwandes auch gehalten ist, über sportliche Großereignisse angemessen zu berichten. Dies fordert schon seine umfassende Informationsaufgabe, die eng mit der demokratisch-gesellschaftlichen Funktion des öffentlich-rechtlichen Rundfunks zusammenhängt.

4. Die Pflicht zur umfassenden Sportberichterstattung

Die Aufgabe des öffentlich-rechtlichen Rundfunks, auch über sportliche Großereignisse zu berichten, bedeutet aber keinesfalls, dass er seine Sportberichterstattung auf diesen Bereich beschränken darf. Vielmehr ist das genaue Gegenteil der Fall. In diesem Zusammenhang erhält die kulturelle Aufgabe und Pflicht des öffentlich-rechtlichen Rundfunks, gerade und vor allem solche Interessen zu bedienen, die wegen der Defizite der privaten Veranstalter ansonsten im Programm keine Berücksichtigung finden würden, entscheidende Bedeutung.

Wie bereits dargelegt wurde, wird nach deutschem Rechtsverständnis der kulturelle Bereich weit begriffen. Der Kulturstaatsbegriff hat in Deutschland eine lange, bis auf Herder und Fichte zurückgehende Tradition. Auf der Grundlage dieser Tradition hat das Bundesverfassungsgericht in seiner Rechtsprechung die Bundesrepublik Deutschland auch als Kulturstaat bezeichnet.[100] Im Zusammenhang mit den Begriffen „Kulturstaat" und „Kulturhoheit" wird

---

sten bezifferte *Kellermeier* auf zusammen 40 Mio. DM für beide Systeme. Für ihre Rechte hatten ARD und ZDF insgesamt 110 Mio. DM bezahlt, FK Nr.31-32/2000, 8.

[100] *BVerfGE* 36, 321, 331; vgl. auch *Jung*, Die Entwicklung des Kulturstaatsbegriffs von J. G. Fichte bis zur Gegenwart unter besonderer Berücksichtigung der Verfassung des

unter „Kultur" im Sinne des deutschen Rechts der Bereich von Bildung und Wissenschaft in Schulen und Hochschulen, einschließlich der Forschung, sowie der Bereich der Medien mit dem Rundfunk und der Kunst angesprochen. Zusammenfassend kann man den deutschen Kulturbegriff als eine übergreifende Definition für die geistige Sphäre begreifen. In diesem Zusammenhang ist nochmals zu betonen, dass dem deutschen Rechtsverständnis eine Verengung des Kulturbegriffs auf die sogenannte „Hochkultur" (high culture) fremd ist. Zwar wird in manchen Zusammenhängen auch Kultur in einem engeren Sprachgebrauch verwendet. Demgegenüber ist in der deutschen Staats- und Rechtspraxis aber seit längerem anerkannt, dass sich solche Unterscheidungen zwischen „hoher" und sonstiger Kultur im geistigen Leben einer demokratischen Gesellschaft nicht aufrecht erhalten lassen.

Der erweiterte Kulturbegriff setzt sich zum Ziel, in einem umfassenden Sinne ein Bild vom politischen, gesellschaftlichen und sonstigen geistigen Leben in Deutschland in all seinen Schattierungen zu vermitteln.[101] Daraus ergibt sich, dass auch die Berichterstattung über den Breitensport und die gesellschaftlichen Funktionen des Sports mit der kulturellen Aufgabe des Rundfunks zusammenhängen und zu dem Kulturbereich gehören.

Darüber hinaus muss man sich vor Augen halten, dass der öffentlich-rechtliche Rundfunk vor allem die Defizite der privaten Anbieter im Hinblick auf die Breite und den Umfang des Fernsehangebots ausgleichen soll, die durch deren Finanzierung zwangsläufig bedingt sind. Vornehmste und wichtigste Aufgabe des öffentlich-rechtlichen Rundfunks ist demnach, auch über solche Ereignisse zu berichten, die mangels Massenattraktivität bei den privaten Anbietern keine Berücksichtigung finden. Das ist der eigentliche Grund und die wichtigste Legitimation für die Gebührenfinanzierung. Dies bedeutet für die Sportberichterstattung, dass der öffentlich-rechtliche Rundfunk gehalten und verpflichtet ist, über die gesamte Bandbreite des Sportes zu berichten,

---

Freistaats Bayern vom 2. Dezember 1946, 1973; *Häberle* (Hrsg.), Kulturstaatlichkeit und Kulturverfassungsrecht, 1982; *Oppermann*, (vgl. Fn. 80), S. 87 ff.

[101] Vgl. dazu etwa bezüglich der auswärtigen „Kulturpolitik" *Genscher*, Rede beim Goethe-Institut am 20.8.1985, in: *Genscher*, Erinnerungen, 1995, S. 352; *Sichtermann*, Gutes Fernsehen ist Kultur, in: *Scharping* (Hrsg.), Demokratische Medien - der Mensch im Mittelpunkt, 1995, S. 28 ff.

einschließlich der gesellschaftlichen Implikationen und Bedeutungen des Sports in seiner gesamten Breite.

Dazu gehört einmal die Berücksichtigung solcher Sportarten, die nicht im Mittelpunkt des Interesses stehen. Allein im DSB sind 57 Fachverbände zusammengeschlossen, wohingegen bei der üblichen Sportberichterstattung meist lediglich Fußball, Formel 1, Boxen und mit Abstrichen Tennis breiter Senderaum zur Verfügung gestellt wird. Die Rundfunkgebühr findet ihre Rechtfertigung auch und gerade darin, dass nichtmarktfähige Ereignisse, die lediglich bei kleineren Teilen der Gesellschaft auf Interesse stoßen und daher nicht „massenattraktiv" sind, Aufnahme ins Programm finden. Gerade diese zahlreichen Sportarten sind aber ein Teil der gesellschaftlichen Sportwirklichkeit und müssen sich auch im Hinblick auf die umfassende Berichterstattungspflicht des öffentlich-rechtlichen Rundfunks im Programm widerspiegeln[102]. Zudem ist aus den gleichen Gründen der öffentlich-rechtliche Rundfunk besonders gefordert, auch die Aspekte des Frauensports, Breitensports, Behindertensports und der Sportpolitik anzusprechen[103]. Weiterhin ist er gehalten, auch die Hintergründe und die gesellschaftlichen Implikationen von Breiten- und Spitzensport aufzuarbeiten; man hat jedenfalls den Eindruck, dass Sendungen, die dies in der Vergangenheit taten, nunmehr im Programm des öffentlich-rechtlichen Rundfunks immer weniger vertreten sind. Jedoch runden all diese Aspekte das Bild der gesamten Sportwirklichkeit, das der öffentlich-rechtliche Rundfunk widerspiegeln soll, ab.

Schließlich kommt dem öffentlich-rechtlichen Rundfunk eine besondere Bedeutung bei der lokalen und regionalen Berichterstattung zu. Im öffentlich-rechtlichen Rundfunk soll sich die föderale und kulturelle Vielfalt der Bundesrepublik Deutschland auch bei der Berichterstattung widerspiegeln. Dies hat auch für den Sportbereich eine hohe Bedeutung. Der öffentlich-rechtliche

---

[102] Nach Ansicht des WDR-Intendanten *Fritz Ple*itgen wird dies auch gebührend berücksichtigt. Der Samstagnachmittag biete in den Dritten Programmen großflächige Sendeplätze auf denen auch die sogenannten Randsportarten sowie auch der Behindertensport zu ihrem Recht kämen. Auch die Sportschau berichte regelmäßig über rund 40 verschiedene Sportarten, *Pleitgen*, (vgl. Fn.73), S.5.

Rundfunk ist im Rahmen seiner lokalen und regionalen Berichterstattung gehalten, regionale und lokale Sportereignisse hinreichend zu berücksichtigen.

Auf welche Weise der öffentlich-rechtliche Rundfunk diesen Aufgaben nachkommt, haben die Anstalten selbst im Rahmen ihrer Programmautonomie zu entscheiden. Gerade wegen der Bedeutung der Programmfreiheit, aus der auch die Staatsferne des öffentlich-rechtlichen Rundfunks resultiert, ist es Sache der zuständigen Rundfunkorgane, im einzelnen darüber zu befinden, auf welche Weise die gesetzlichen Aufgaben erfüllt werden. Dies ändert aber nichts daran, dass der öffentlich-rechtliche Rundfunk nicht nur berechtigt, sondern verpflichtet ist, eine umfassende Sportberichterstattung in seinen Programmen vorzunehmen. Dabei kommt ihm - wie gezeigt - auch und in erster Linie die Aufgabe zu, die gesamte Sportwirklichkeit darzustellen und daher insbesondere Sportarten und Aspekte des Sports in seine Berichterstattung aufzunehmen, die bei den privaten Anbietern keine Berücksichtigung finden, weil sie nicht „marktfähig" sind. Damit erfüllt der öffentlich-rechtliche Rundfunk nicht etwa nur seine Aufgabe zur umfassenden Berichterstattung, sondern trägt auch dazu bei, die Gebühr für die Zukunft weiterhin zu legitimieren. Demnach liegt es auch und gerade im wohl verstandenen Interesse des öffentlich-rechtlichen Rundfunks, in seinen Fernsehprogrammen die gesamte Breite des Sportspektrums abzubilden. Dazu hat er zahlreiche Möglichkeiten, sei es im Rahmen der Dritten Programme[104], sei es im Rahmen seiner Hauptprogramme oder sei es in Zukunft im Rahmen von neuen Angeboten, wie etwa Spartenprogrammen.

Bei aller Kritik an einseitiger Berichterstattung und Forderung nach mehr Breitensport im Fernsehen[105] darf man jedoch nicht aus den Augen verlieren,

---

[103] Auch die Paralympics werden dieses Jahr „so aufwendig wie noch nie präsentiert", so *Wolf-Dieter Poschmann*, Leiter der ZDF Hauptabteilung Sport, FAZ vom 31.7.00, „27 Stunden täglich – auch wenn Olympia längst schläft".

[104] Der Staatsvertrag des SWR verpflichtet den Sender auf 30 % Regionalität, was auch dem Sport zugute kommen kann.

[105] Die Sportministerkonferenz hat sich mit der Darstellung des Sports in den Medien befasst und deutlich gemacht, dass die Alltagsrealität des Sports in den Medien nur unzureichend dargestellt werde, da Breitensport, sportpolitische Themen und der alltäglich Sport in den Vereinen weitgehend ignoriert würden; 22.Sportministerkonferenz am 3./4. Dezember in Hamburg, Top 13.

dass nur eine begrenzte Sendezeit zur Verfügung steht, da der öffentlich-rechtliche Rundfunk noch andere, ebenso wichtige und auch wichtigere Aufgaben als die Sportberichterstattung hat. Der Sport nimmt bereits einen großen Teil der Sendezeit in Anspruch: Zwischen 1984 und 1998 hat sich die Zahl der Sportsendestunden im deutschen Fernsehen versiebzehnfacht – 1200 Stunden waren es damals, 20700 Stunden im vergangenen Jahr. Gleich nach den Spartensendern Eurosport und DSF zeigten das Erste und das ZDF im vergangenen Jahr die meisten Sportstunden, und selbst einige dritte Programme lagen laut IMF noch vor RTL und SAT.1[106]. Es muß daher eine Entscheidung getroffen werden, wieviel Sendezeit für begehrte, gern gesehene sportliche Großereignisse genutzt wird und wieviel für Berichte über weniger nachgefragte Sportarten bzw. -themen.

Bei der Verteilung der Sendezeit wird vor allem bemängelt, dass die von Millionen betriebenen Sportarten wie Volleyball, Tischtennis oder Schwimmen in der Mediendiskussion als Randsportarten bezeichnet würden, während wirkliche Randsportarten wie Formel-1-Rennen oder neuerdings Skispringen, die auf der ganzen Welt nur von wenigen hundert Aktiven betrieben werden (können), eine hohe TV-Präsenz haben[107]. Vielleicht sollte man hier jedoch auch berücksichtigen, dass das gerade den Reiz dieser Sportberichte für den Zuschauer ausmacht, dass diese Sportarten eben nicht jeder ausüben kann. Eine Breitensportart hingegen, die man selbst betreibt, wird doch erst dann im Fernsehen interessant, wenn sie auf höherem Niveau gezeigt wird. Bestes Beispiel ist hier der Radsport, der für sich betrachtet im Fernsehen relativ langweilig wirken würde und seinen Reiz erst durch die enorme Leistung bei einer Tour-de-France erhält. Weiterhin sollte man bei der Forderung nach mehr Breiten- bzw Regionalsport auch nicht vergessen, dass der Zuschauer sich solche Sportereignisse auch ohne großen Aufwand und hohe Kosten live in der Umgebung anschauen kann, große Sportereignisse jedoch nicht, da diese zum einen teuer sind, zum anderen teilweise weit entfernt stattfinden. Hier sollte die Aufgabe des Rundfunks doch eher sein, dem Rezipienten die Infor-

---

[106] So die Angaben des IFM, des Karlsruher Instituts für Medienanalysen, vgl. *Morhart*, Wieviel Geld für welche Spiele?, in: „Der Kampf um die Spiele: Sport im Fernsehen, 32. Mainzer Tage der Fernseh-Kritik 1999, 49 ff.
[107] Vgl. Fn. 88.

mationen oder Unterhaltung zu geben, die er, oder zumindest die breite Masse, sich aus genannten Gründen nicht oder zumindest nur schwerer beschaffen könnte.

Überträgt man die Problematik auf andere Bereiche, stellt man fest, dass der Sport auch keine Sonderbehandlung erfährt: In der Politik werden auch vorwiegend "Großereignisse" übertragen, d.h. man kann im öffentlich-rechtlichen Rundfunk, bzw. im Ersten und im ZDF, zwar wichtige Bundestagsdebatten, nicht jedoch Versammlungen von kommunalen Organen verfolgen. Als Forum für die regionale Berichterstattung – in jeder Hinsicht – sind hier die Dritten Programme gefragt. Darüber hinaus bestehen günstigere Voraussetzungen für eine breite Darstellung des „alltäglichen" Sports auf lokaler Ebene, z.B. in offenen Kanälen. Hier müssen die Angebote allerdings selbst oft von den Vereinen vorbereitet und gestaltet werden[108].

Weiterer Kritikpunkt ist, dass vor allem der Fußball den Großteil der Sendezeit in Anspruch nimmt[109]. „Ist Fußball ein unveräußerlicher Besitz der (europäischen) Menschheit, garantiert wie ein Menschenrecht?" fragt sich *Zuck* in Anbetracht der enormen finanziellen Aufwendungen, die die Kommunen teilweise ihren Fußballvereinen zugute kommen lassen. „Kommunen haben sicherlich wichtigere Aufgaben als Fußballvereinen das wirtschaftliche Risiko abzunehmen"[110]. Das Gleiche gilt jedoch auch für den öffentlich-rechtlichen Rundfunk! Die Argumentation, durch die Berichterstattung im Fernsehen werde Werbung für den Sport betrieben, wovon gerade Randsportarten profitieren könnten, kann nicht greifen, da der Rundfunk für die Information und Unterhaltung des Zuschauers da ist und nicht zur Finanzierung oder Förderung von Sportvereinen (oder anderen), und solche Erwägungen auch nicht in seine Programmgestaltung mit einbeziehen muß. Darüber hinaus läßt sich der Zuschauer auch nur begrenzt in seinen Vorlieben steuern. Auf die Frage nach der Popularisierungsspirale durch verstärkte Fernsehpräsenz einer Sportart, berichtete *Struve,* dass dies weder bei Eishockey, Hallenhandball noch bei

---

[108] Z.B. die seit Jahren praktizierte vielfältige Darstellung von über 40 Sportarten durch entsprechende Vereine im Offenen Kanal Bremen.

[109] Zu den Anteilen der einzelnen Sportarten an Sendezeit im ZDF vgl.Fn.106, *Morhart,* S.55/56.

Basketball funktioniert habe, da jedes Land offenbar nur über eine begrenzte Aufnahmekapazität an wirklich erstklassigen Sportarten verfüge[111]. Die wichtigste in Deutschland ist unbestreitbar Fußball und noch dazu, nicht zu vergessen, der Breitensport schlechthin, und dem darf daher natürlich auch bei der Berichterstattung und der Verteilung der Sendezeit – in vernünftigen Grenzen - Rechnung getragen werden. Gerade im Hinblick auf die hohen Kosten, die der Erwerb von Fußball-Rechten inzwischen verursacht (s.o.), muß jedoch auch berücksichtigt werden, dass für erheblich weniger Geld erheblich mehr Sportarten gezeigt werden können[112]. Trotz der Popularität, die der Fußball in Deutschland genießt, muß man zu dem Schluß kommen, dass es nicht zwingend erforderlich ist, jedes Fußballspiel sehen zu können. Die Kenntnis von Ergebnissen der Olympischen Spiele und des Fußballweltmeisters zählt hierzulande schon zur Allgemeinbildung, nicht jedoch die wöchentlichen Begegnungen der Fußballmannschaften. *Zuck* folgert daher, alles andere gehöre ins Pay-TV[113]. Der Vergleich, derjenige, der bspw. den Film Titanic sehen wolle, müsse auch eine Kinokarte kaufen, greift insofern nicht, als man im Fußballstadion auch bezahlen muß. Richtig ist jedoch, den grundlegenden Vergleich zu anderen Kulturbereichen zu ziehen. Wenn man den Anspruch erhebt, alle wichtigen Ereignisse im Sport müßten im Free-TV, oder sogar im öffentlich-rechtlichen Rundfunk zu empfangen sein, müßte dies auch für die wichtigen Filme, Theaterstücke, Konzerte, Preisverleihungen etc. gelten. Dies kann und soll der öffentlich-rechtliche Rundfunk jedoch nicht leisten. Grundversorgung bedeutet umfassende, grundlegende Information und Angebote auf (möglichst) allen Gebieten, mit Schwerpunkten auf massenattraktiven Sendungen. Das Publikum soll nicht bevormundet werden, es darf durchaus

---

[110] *Zuck*, NJW 1998, 2190 f.

[111] Die teuerste Programmware, wie viel ist sie wert? – Podiumsdiskussion bei den Mainzer Tagen der Fernseh-Kritik, S.76 der Dokumentation (vgl. Fn.106).

[112] Nur rund 8 Millionen DM müssen ARD und ZDF derzeit zahlen, um über vier Jahre lang von insgesamt 31 Sportarten berichten zu können, von Badminton bis zum Wasserskilaufen, *Morhart*, vgl. Fn.106), S.57.

[113] „Fußball ist kein Bestandteil der Daseinsvorsorge, kein überragend wichtiges Gemeinschaftsgut, und das Recht, Fußballspiele zu sehen ist kein unverzichtbares. ...Wer Fußballspiele sehen will, kann ins Stadion gehen und dafür bezahlen. Wer das virtuelle Spiel im Fernsehen vorzieht, muß sich auch hier an die jeweiligen Marktbedingungen halten. .. Für sein Vergnügen muß jeder selbst sorgen", *Zuck*, NJW 1998, 2191.

Präferenzen haben, die dann auch berücksichtigt werden sollten. Der öffentlich-rechtliche Rundfunk unterscheidet sich vom Privaten jedoch dadurch, dass er zusätzliche Angebote geben soll, die dem Zuschauer bisher vielleicht unbekannt waren, oder die nur eine Minderheit interessieren und die dadurch entweder weiterbilden oder der Meinungsvielfalt dienen.

V. Die Pflicht zur umfassenden Sportberichterstattung und mögliche Ansprüche der Rundfunkteilnehmer bzw. der Sportverbände

1. Die Bedeutung der Programmautonomie

Wie sich aus dem Vorstehenden ergibt, sind die öffentlich-rechtlichen Rundfunkveranstalter gehalten, die in der Gesellschaft relevanten Ereignisse umfassend und ausgewogen in ihre Berichterstattung aufzunehmen. Daraus resultiert auch die Pflicht des öffentlich-rechtlichen Rundfunks, über die gesamte Bandbreite des Sportspektrums zu berichten. Fraglich ist aber, ob mit dieser objektiven Pflicht subjektive Ansprüche der einzelnen Fernsehzuschauer oder der gesellschaftlich relevanten Gruppen, etwa der Sportverbände, auf eine entsprechende Berichterstattung korrespondieren. Diese Frage hat vor allem dann Bedeutung, wenn der öffentlich-rechtliche Rundfunk seine entsprechenden Pflichten nicht erfüllen sollte. In diesem Zusammenhang hat die Rechtsprechung schon frühzeitig klargestellt, dass dem Gebot, ein inhaltlich ausgewogenes Programm auszustrahlen, kein subjektiver Anspruch des Hörers oder Sehers auf ein ausgewogenes Programm entspreche. Erst recht gibt es nach dieser Rechtsprechung keinen individuellen Anspruch auf bestimmte Sendungen oder gar die Absetzung einer geplanten Sendung.[114] Demnach führt etwa der verständliche Ärger über die Absetzung oder Verschiebung einer wichtigen Nachrichtensendung zugunsten eines anderen Ereignisses nicht dazu, dass diese Absetzung auf dem Verwaltungsrechtsweg durch einzelne Rundfunkteilnehmer unterbunden werden kann. Der Grund liegt einmal bereits darin, dass die einzelnen Rundfunkteilnehmer nicht Träger des Grundrechts auf Rundfunkfreiheit sind.[115] Zum anderen ist in diesem Zusammenhang die Programmautonomie der öffentlich-rechtlichen Rundfunkveranstalter zu beachten. Die Programmautonomie ist Teil der subjektiv-rechtlichen Seite der Rundfunkfreiheit und kommt den Programmveranstal-

---

[114] Vgl. dazu exemplarisch *BVerwG*, DÖV 1979, 102.
[115] Vgl. *BVerfG*, NJW 1990, 311 = JuS 1991, 71 Nr. 2.

tern, also den öffentlich-rechtlichen Rundfunkanstalten, zugute.[116] Sie gewährleistet, dass Auswahl, Inhalt und Gestaltung der Programme Sache der Rundfunkanstalten bleiben und sich an publizistischen Kriterien ausrichten können. Insofern verbietet sich, wie das Bundesverfassungsgericht im Gebührenurteil[117] unmissverständlich darlegt, sowohl eine unmittelbare Einflussnahme Dritter auf das Programm als auch mittelbare Einflüsse seitens staatlicher Organe. Auch schließt es aus, dass einzelne Rundfunkteilnehmer individuelle Ansprüche auf bestimmte Sendungen haben, die sie klageweise - etwa mit der Verfassungsbeschwerde - durchsetzen können.

Für den einzelnen Rundfunkteilnehmer verbleibt allerdings das Grundrecht auf Informationsfreiheit. Dieses sichert ihm zumindest die Unterrichtung aus den allgemein zugänglichen Quellen. Was im Rundfunk durch Programme aber „allgemein zugänglich" gemacht wird, obliegt der Entscheidung der hierfür zuständigen Redaktionen, Gremien und letztlich der Programmverantwortung des Intendanten.[118] Diese Programmverantwortung des Intendanten findet lediglich eine Durchbrechung bei den sogenannten „Drittsendungen". Dazu gehören das Verlautbarungsrecht der Bundesregierung und der Landesregierungen, etwa bei Katastrophenfällen oder bei anderen erheblichen Gefahren für die öffentliche Sicherheit und Ordnung,[119] weiterhin Wahlwerbesendungen politischer Parteien oder sonstiger Wählergruppen, sowie Sendungen der in den jeweiligen Landesgesetzen bzw. im ZDF-Staatsvertrag aufgeführten Kirchen- und Religionsgemeinschaften. Der Kreis der anspruchsberechtigten Kirchen- und Religionsgemeinschaften ist unterschiedlich gezogen. Die Landesgesetzgeber sind auch nicht etwa gezwungen, ein Drittsendungsrecht für Kirchen- und Religionsgemeinschaften gesetzlich zu verankern.[120] Dies gilt ebenfalls für politische Parteien; so hat das Bundesverfassungsgericht ausdrücklich festgestellt, dass es einen originären, etwa aus Art. 21 Abs. 1 GG

---

[116] Vgl. dazu eingehend *BVerfGE* 90, 60, 87 f.; 87, 181, 201.

[117] Vgl. *BVerfGE* 90, 60, 88.

[118] Vgl. eingehend zur Programmverantwortung des Intendanten *Hartstein/Ring/Kreile/-Dörr/Stettner*, (vgl. Fn. 72), vor § 11, Rdnr. 46 ff.

[119] Vgl. hierzu *Bilstein*, Rundfunksendezeiten für amtliche Verlautbarungen, 1992.

[120] Vgl. etwa *BVerfGE* 60, 53; 69, 257.

oder dem Gleichheitssatz abzuleitenden Anspruch auf Einräumung von Sendezeiten für Wahlwerbung politischer Parteien nicht gibt.[121]

Die Wahlwerbesendungen der politischen Parteien und die gesetzlich verankerten Sendezeiten für die jeweiligen Kirchen- und Religionsgemeinschaften werden von diesen eigenverantwortlich gestaltet; die Verantwortung des Intendanten kommt allenfalls bei Gesetzesverstößen zum tragen. Wenn solche Gesetzesverstöße vorliegen, ist die Rundfunkanstalt unter bestimmten Voraussetzungen von der Verpflichtung zur Ausstrahlung dieser Drittsendungen entbunden.[122]

Abgesehen von diesen gesetzlich verankerten Drittsendungen gibt es keinerlei Ansprüche gesellschaftlicher Gruppen auf Aufnahme eigengestalteter Sendungen in das Rundfunkprogramm.[123]

Insgesamt bleibt demnach festzuhalten, dass dem einzelnen Rundfunkteilnehmer keinerlei Ansprüche auf Ausstrahlung bestimmter Sportsendungen zustehen. Zudem können auch Sportverbände nicht verlangen, dass von ihnen eigenverantwortlich gestaltete Sportsendungen in das Fernsehprogramm der öffentlich-rechtlichen Rundfunksender aufgenommen werden.

2. Die Problematik der Vertretung der gesellschaftlich relevanten Gruppen in den Rundfunkgremien

Schließlich könnte man noch daran denken, dass die Sportverbände zumindest verlangen könnten, in den jeweiligen Rundfunkgremien, insbesondere im Rundfunkrat, angemessen vertreten zu sein. Auf diese Weise könnten die jeweiligen Vertreter der Sportverbände im Rundfunkrat auf eine angemessene Berücksichtigung der Sportberichterstattung drängen, um durch eine umfangreichere Berichterstattung über Breitensportereignisse zu einer ausgewogenen Mischung von massenattraktiven Angeboten und Minderheitenprogrammen

---

[121] Vgl. *BVerfG*, AfP 1993, 647, 648.

[122] Vgl. dazu im einzelnen *Hartstein/Ring/Kreile/Dörr/Stettner*, (vgl. Fn. 72), vor § 11, Rdnr. 53; *BVerfGE* 47, 189; 69, 257, 268 ff.

[123] Eingehend dazu *Degenhart*, Bonner Kommentar, Art. 5 Abs. 1 und 2 (Zweitbearbeitung), Rdnr. 684 f.

beizutragen. Die Sportverbände können über ihren Einfluß im Rundfunkrat somit die Erfüllung der bereits dargestellten Verpflichtungen durch die jeweilige Rundfunkanstalt einfordern. Das Bundesverfassungsgericht hat nämlich in diesem Zusammenhang stets betont, dass alle in Betracht kommenden gesellschaftlichen Gruppen in einem ausgewogenen Verhältnis im Rundfunkrat vertreten sein müssen.[124] Dies verlange eine sachgerechte, der bestehenden Vielfalt prinzipiell Rechnung tragende Bestimmung und Gewichtung der maßgeblichen gesellschaftlichen Kräfte, sowie die Sicherstellung des effektiven Einflusses desjenigen Organs, in dem diese vertreten seien. Zwar komme dem Gesetzgeber ein Gestaltungsspielraum zu. Dieser ende aber nicht erst an der Willkürgrenze, sondern Art. 5 Abs. 1 Satz 2 GG verbiete ein grob einseitig zusammengesetztes Kontrollgremium. Da allerdings die Sportorganisationen bzw. Sportverbände ganz sicherlich zu den gesellschaftlich relevanten Gruppierungen gehören, muss auch dieser Bereich der Gesellschaft nach den Vorgaben des objektiven Rechts im Rundfunkrat vertreten sein. Die gesellschaftliche Dimension des Sports kann somit bei den Novellierungen der Landes-Rundfunkgesetze und der Besetzung der jeweiligen Rundfunkräte beispielsweise durch die Erweiterung der Zahl der Rundfunkratsmitglieder unter Beteiligung der Landessportverbände berücksichtigt werden.[125]

Aus all dem folgt aber kein Anspruch von bestimmten Sportverbänden auf Berücksichtigung im Rundfunkrat. Vielmehr ist auch bei Parteien, Kirchen oder sonstigen gesellschaftlich relevanten Gruppen ein solcher individueller Anspruch stets ausgeschlossen. Die Bildung der Aufsichtsgremien, also auch der Rundfunkräte, aus gesellschaftlich relevanten Gruppen dient nämlich nur als Mittel, staatsunabhängige Sachwalter der Allgemeinheit zu gewinnen. Sie hat gerade nicht den Sinn, diesen Gruppen die Programmgestaltung zu über-

---

[124] Vgl. etwa *BVerfGE* 12, 205, 263; eingehend *BVerfGE* 83, 238, 333 = JuS 1992, 71 Nr. 2.

[125] So wurde bei der Änderung des HR-Gesetzes nicht nur die Erweiterung der Mitgliederzahl von 16 auf 25 beschlossen, sondern auch der Landessportbund Hessen in den Rundfunkrat entsandt. Vgl. FK 12/2000, 19.

tragen oder sie gar zum Träger des Grundrechts der Rundfunkfreiheit zu machen.[126]

Aus diesem Grund hat die 3. Kammer des 1. Senats des Bundesverfassungsgerichts mit Beschluss vom 13.2.1992 auch eine Verfassungsbeschwerde des Landessportbundes Hessen e.v. gegen § 5 des Gesetzes über den Hessischen Rundfunk nicht zur Entscheidung angenommen, mit welcher der Beschwerdeführer gestützt auf Art. 5 Abs. 1 GG und Art. 3 Abs. 1 GG reklamierte, dass er entgegen der gesetzlichen Regelung im Rundfunkrat Berücksichtigung finden müsse. Die Kammer führt insoweit aus, dass der Landessportbund keinesfalls einen aus der Verfassung abzuleitenden individuellen Anspruch darauf habe, bei der Zusammensetzung des Rundfunkrats berücksichtigt zu werden.[127] Die Sportverbände können demnach auch nicht mit der Verfassungsbeschwerde durchsetzen, bei der Zusammensetzung der Rundfunkräte stärker berücksichtigt zu werden, um auf diese Weise Einfluss auf eine sachgerechte Sportberichterstattung zu gewinnen. Ihnen stehen keine subjektiven, mit der Verfassungsbeschwerde durchsetzbaren Ansprüche zu, in den Rundfunkräten (stärker) vertreten zu sein, obwohl der Gesetzgeber nach objektivem Recht verpflichtet ist, alle gesellschaftlich relevanten Gruppen - und damit auch die Sportverbände - in einem angemessenen Verhältnis zu berücksichtigen. Daher sind Forderungen, die Sportverbände bei der Gremienzusammensetzung stärker zu berücksichtigen, an den Gesetzgeber, also die Landesparlamente, zu adressieren[128].

---

[126] Vgl. *BVerfGE* 83, 238, 333; *BVerfG*, NJW 1990, 311 = JuS 1991, 71 Nr. 1; *BVerfGE* 60, 53, 63; *BVerfG*, RuF 1982, 535.

[127] Vgl. *BVerfG*, NVwZ 1992, 766 = JuS 1992, 879 Nr. 3.
   Letztlich hat die Lobbyarbeit des Hessischen Landessportbundes zum Erfolg geführt, da der Sportbund bei der Erweiterung und Neubesetzung des HR-Rundfunkrates nunmehr berücksichtigt wurde. Vgl. FK 12/2000,19.

[128] Wegen einer fehlenden Berücksichtigung im HR-Rundfunkrat verlangen beispielsweise die hessischen Gewerkschaften eine umfassende Anhörung, um einer einseitigen politischen Einflußnahme vorzubeugen. Vgl. epd-medien Nr. 35-36/2000, 17.

VI. Zusammenfassung

1. Die Rolle und die Aufgaben eines plural organisierten öffentlich-rechtlichen Rundfunks sind maßgeblich durch die Rechtsprechung des Bundesverfassungsgerichts geprägt. Nach dieser Rechtsprechung obliegen dem öffentlich-rechtlichen Rundfunk im dualen System besondere Aufgaben, die sich auch auf die Sportberichterstattung auswirken.

2. In dem bestehenden dualen Rundfunksystem hat die Bedeutung des öffentlich-rechtlichen Rundfunks nicht ab- sondern zugenommen. Da der private Rundfunk im Hinblick auf die Art seiner Finanzierung nur ein Mindestmaß an ausgewogener Vielfalt erfüllen muss, ist der öffentlich-rechtliche Rundfunk unverzichtbarer Garant einer ausgewogenen und vielseitigen Information auch im Bereich des Sports. Die privaten Veranstalter sollen im dualen Rundfunksystem die Informationsvielfalt bereichern und ergänzen.

3. Der Programmauftrag des öffentlich-rechtlichen Rundfunks in der dualen Rundfunkordnung lässt sich anhand der vom Bundesverfassungsgericht angeführten Begriffe der „essentiellen" Funktionen, der „Grundversorgung" und des „klassischen Rundfunkauftrags" näher definieren. Zum anderen ergeben sich auch aus den Zusammenhängen zwischen der Aufgabenerfüllung und der Gebührenfinanzierung weitere Konkretisierungen.

4. Die „essentiellen" Funktionen bestimmen den Rahmen des Programmauftrags. Sie beschreiben die Rolle des Rundfunks als Verbindungsglied zwischen Staatsvolk und Staatsorganen und seine kulturellen Funktionen. Die Gewährleistung der essentiellen Funktionen ist nicht auf die sogenannte Grundversorgung begrenzt, sondern erstreckt sich auch auf andere Bereiche.

5. Die Funktionen des öffentlich-rechtlichen Rundfunks im dualen Rundfunksystem werden innerhalb des Rahmens einmal, wenn auch nicht abschließend,

mit dem Begriff der Grundversorgung umschrieben. Der Grundversorgungs-auftrag verpflichtet den öffentlich-rechtlichen Rundfunk, ein für alle zugäng-liches, inhaltlich ausgewogenes und möglichst umfassendes Programm anzu-bieten. Dabei ist die Grundversorgung nicht ein für allemal fixierbar. Viel-mehr ist sie flexibel und dynamisch zu verstehen, um mit den Interessen der Rezipienten mithalten, das Informationsbedürfnis zeitgemäß befriedigen und auf neue technische Entwicklungen reagieren zu können.

6. Darüber hinaus muss der öffentlich-rechtliche Rundfunk den klassischen Rundfunkauftrag erfüllen. Dieser Auftrag verlangt einmal, dass die klassi-schen Programminhalte, nämlich Kultur, Bildung, Information und Unterhal-tung angeboten werden. Jedoch steht beim klassischen Rundfunkauftrag vor allem die Art der Darstellung und Behandlung im Vordergrund. Es kommt also darauf an, dass die Art der Darbietung oder Behandlung der Bereiche Bildung, Information, Unterhaltung und Kultur klassisch, also traditionell im Sinne von bewährt und ausgereift ist. Dabei besteht ein enger Zusammenhang mit der kulturellen Aufgabe des Rundfunks.

7. Die Verknüpfung der Gebührenfinanzierung mit den Aufgaben des öffent-lich-rechtlichen Rundfunks macht deutlich, dass der öffentlich-rechtliche Rundfunk auch und gerade diejenigen Bereiche abzudecken hat, die ansonsten im Fernsehprogramm keine Berücksichtigung finden würden, also nicht „marktgerecht" sind. Dies bedeutet zwar nicht, dass der öffentlich-rechtliche Rundfunk auf Minderheiteninteressen und Außenseiterprogramme begrenzt oder beschränkt wäre. Nichts desto trotz bleibt aber die Verpflichtung beste-hen, dass der öffentlich-rechtliche Rundfunk auch Ereignisse in seinem Pro-gramm berücksichtigen muss, die sich nicht durch Werbung refinanzieren las-sen.

8. Der Sport gehört ganz zweifellos zu dem Bereich, über den der öffentlich-rechtliche Rundfunk umfassend zu berichten hat. Dies folgt einmal aus den essentiellen Funktionen des öffentlich-rechtlichen Rundfunks für die demo-

kratische Ordnung, die den öffentlich-rechtlichen Rundfunk verpflichtet, über die gesamte Bandbreite des gesellschaftlichen Lebens der Bundesrepublik Deutschland zu berichten. Der Sport stellt einen gewichtigen Faktor des öffentlichen Lebens in der Bundesrepublik Deutschland dar.

Zum anderen ist der Sport ein bedeutsamer Faktor des kulturellen Lebens in der Bundesrepublik Deutschland. Dabei ist der weite deutsche Kulturbegriff zugrunde zu legen. Nach diesem Rechtsverständnis ist der Sport in vielen Teilbereichen als Teil des kulturellen Lebens anzusehen.

9. Die besondere kulturelle Verantwortung des öffentlich-rechtlichen Rundfunks und seine Aufgabe, gerade auch Minderheiteninteressen zu bedienen, bedeutet nicht, dass er von der Berichterstattung über sportliche Großereignisse ausgeschlossen werden darf. Die vom öffentlich-rechtlichen Rundfunk geforderte umfassende Berichterstattung lässt sich unter Verzicht auf sportliche Großereignisse nicht verwirklichen.

10. Jedoch kommt dem öffentlich-rechtlichen Rundfunk im Bereich des Sports auch und vor allem die Aufgabe zu, über die gesamte Bandbreite zu berichten. Er muss gerade solche Interessen bedienen, die wegen der Defizite der privaten Veranstalter ansonsten im Programm keine Berücksichtigung finden würden. Dies wirkt sich einmal auf die Bandbreite der Sportarten aus, die Aufnahme in die Berichterstattung finden müssen. Zum anderen muss sich in der Sportberichterstattung auch die föderale und regionale Vielfalt widerspiegeln. Schließlich sind die gesellschaftlichen Aspekte des Sports angemessen zu berücksichtigen.

11. Der öffentlich-rechtliche Rundfunk hat im Rahmen seiner Programmautonomie selbst darüber zu befinden, in welchen Programmen und durch welche Sendeformen er seine Aufgabe zur umfassenden Sportberichterstattung erfüllt. Es liegt allerdings im Hinblick auf die Gebührenfinanzierung in seinem wohlverstandenen Interesse, die gesamte Breite des Sportspektrums abzubilden. Der Gebühr liegt nämlich nicht zuletzt der Gedanke einer Kompensation

zugrunde, die der öffentlich-rechtliche Rundfunk dafür erhält, dass er in seine Berichterstattung auch nichtmarktfähige Ereignisse aufnimmt.

12. Den einzelnen Rundfunkteilnehmern stehen keine subjektiven Ansprüche auf Ausstrahlung bestimmter Sportsendungen zu. Ebensowenig haben die Sportverbände einklagbare Ansprüche darauf, dass von ihnen gewünschte oder gar eigenverantwortlich gestaltete Sportsendungen in das Fernsehprogramm der öffentlich-rechtlichen Rundfunksender aufgenommen werden.

13. Die Sportverbände haben auch keine individuellen Ansprüche darauf, in den jeweiligen Rundfunkgremien vertreten zu sein. Obwohl der Gesetzgeber nach objektivem Recht verpflichtet ist, alle gesellschaftlich relevanten Gruppen - und damit auch die Sportverbände - in einem angemessenen Verhältnis bei der Gremienzusammensetzung zu berücksichtigen, bestehen insoweit keine mit der Verfassungsbeschwerde durchsetzbaren individuellen Ansprüche. Vielmehr ist der richtige Adressat solcher Forderungen der Gesetzgeber.

LITERATURVERZEICHNIS

Amsinck, Michael   Der Sportrechtemarkt in Deutschland, Media Perspektiven 2/1997, 62 ff

Bethge, Herbert   Der Grundversorgungsauftrag des öffentlich-rechtlichen Rundfunks in der dualen Rundfunkordnung, Media Perspektiven 1996, 66

ders.   Die verfassungsrechtliche Position des öffentlich-rechtlichen Rundfunks in der dualen Rundfunkordnung, Baden-Baden 1996

ders.   Stand und Entwicklung des öffentlich-rechtlichen Rundfunks, ZUM 1991, 337

Bilstein, Thomas   Rundfunksendezeiten für amtliche Verlautbarungen, München 1992

Bonner Kommentar zum Grundgesetz   *Dolzer, Rudolf* (Hrsg.), Loseblatt, Hamburg/Heidelberg 1950 ff.

Bullinger, Martin   Rundfunkordnung im Bundesstaat und in der Europäischen Gemeinschaft, AfP 1985, 257

Burmeister, Joachim   Medienmarkt und Menschenwürde, EMR-Schriftenreihe, Bd. 2, München 1991

Darschin, Wolfgang/ Kayser, Susanne   Tendenzen im Zuschauerverhalten, Media Perspektiven 2000, 146 ff.

Degenhart, Christoph   Rundfunkfreiheit in gesetzgeberischer Beliebigkeit? DVBl. 1991, 510

Diesbach, Martin   Pay-TV oder Free-TV, Baden-Baden 1998

Dörr, Dieter   Die Rolle des öffentlich-rechtlichen Rundfunks in Europa, Baden-Baden 1997

ders.   Europäisches Medienrecht – Entscheidungen im Jahr 1999, in: Global@home Jahrbuch Telekommunikation und Gesellschaft 2000, S. 474 ff.

ders.	Programmvielfalt im öffentlich-rechtlichen Rundfunk durch funktionsgerechte Finanzierung, Baden-Baden 1997/98
ders.	Rundfunkförderalismus auf dem Prüfstand, ZUM 1996, 617
Dörr/Cloß	Die Vereinbarkeit der Gebührenfinanzierung des Österreichischen Rundfunks mit dem EG-Beihilferecht, ZUM 1996, 105
Eberle, Carl-Eugen	Aktivitäten der EU auf dem Gebiet der Medien und ihre Auswirkungen auf den öffentlich-rechtlichen Rundfunk, ZUM 1995, 163
ders.	Die Rundfunkgebühr – verfassungsrechtlicher Anspruch und gesellschaftspolitische Funktion, in: *Stern* (Hrsg.), Die Finanzierung des Rundfunks nach dem Gebührenurteil des Bundesverfassungsgerichts, München 1996, S. 1 ff.
Eifert, Martin	Die Zuordnung der Säulen des Dualen Rundfunksystems, ZUM 1999, 595 ff.
Engel, Christoph	Europarechtliche Grenzen für öffentlich-rechtliche Spartenprogramme, Berlin 1996
Fröhlinger, Margot	EG-Wettbewerbsrecht und Fernsehen, RuF 1993, 59
Genscher, Hans-Dietrich	Rede beim Goethe-Institut am 20.8.1985, in: *Genscher*, Erinnerungen, Berlin 1995, S. 352
Häberle, Peter (Hrsg.)	Kulturstaatlichkeit und Kulturverfassungsrecht, Darmstadt 1982
Hartstein/-Ring/Kreile/Dörr/Stettner	Rundfunkstaatsvertrag, Loseblatt, Stand 2. Ergänzungslieferung München 2000
Heffler, Michael	Der Werbemarkt 1999, Media Perspektiven 1999, 230 ff.
Hesse, Albrecht	Zur aktuellen Entwicklung des Rundfunkrechts, BayVBl. 1997, 132

Holzer, Norbert   Deutsche Rundfunkgebühren als unzulässige Beihilfe im
                    Sinne des europäischen Rechts, ZUM 1996, 274

Jung, Otmar   Die Entwicklung des Kulturstaatsbegriffs von *J. G.
                    Fichte* bis zur Gegenwart unter besonderer Berücksich-
                    tigung der Verfassung des Freistaates Bayern vom 2.
                    Dezember 1946, Würzburg 1973

Kops, Manfred   Eine ökonomische Herleitung der Aufgaben des öffent-
                    lich-rechtlichen Rundfunks, Arbeitspapiere des Instituts
                    für Rundfunkökonomie, Heft 20/94, 2. Aufl., Köln 1998

Kresse, Hermann   Öffentlich-rechtliche Werbefinanzierung und Grenzen
                    der Grundversorgung im dualen Rundfunksystem, ZUM
                    1995, 68

Libertus, Michael   Grundversorgungsauftrag und Funktionsgarantie, Mün-
                    chen 1991

Mahrenholz, Ernst   Die gesellschaftliche Bedeutung des öffentlich-
Gottfried   rechtlichen Rundfunks, ZUM 1995, 508

Meckel, Miriam   Fernsehen ohne Grenzen?, 1994

Morhart, Claus   Wie viel Geld für welche Spiele? in : Der Kampf um die
                    Spiele – Sport im Fernsehen, 32. Mainzer Tage der
                    Fernseh-Kritik 1999, hrsg. von *Peter Christian Hall*,
                    Mainz 2000

Niepalla, Peter   Die Grundversorgung durch die öffentlich-rechtlichen
                    Rundfunkanstalten, München 1990

Oppermann, Tho-   ARTE – Ein Experiment in europäischer Kultur, Fest-
mas   schrift Grabitz, 1995, 483

ders.   Deutsche Rundfunkgebühren und Europäisches Beihil-
                    ferecht, 1997

ders.   Zukunftsperspektiven der Finanzierung des öffentlichen
                    Rundfunks, in: Stern (Hrsg.), Die Finanzierung des
                    Rundfunks nach dem Gebührenurteil des Bundesverfas-
                    sungsgerichts, München 1996, S. 55 ff.

Pleitgen, Fritz   Der Sport im Fernsehen, Arbeitspapiere des Instituts für
                    Rundfunkökonomie an der Universität zu Köln, Heft
                    127, Köln 2000

Scharf, Albert	Sport und Medien in Europa, in: *Schneider, B.* (Hrsg.), Sport und Medien in Europa, Beiträge zu den 5. Saarbrücker Medientagen, Saarbrücken 1997, S. 21 ff.
Scheble, Roland	Perspektiven der Grundversorgung, Baden-Baden 1994
Schellhaaß, Horst-Manfred	Ist die Rundfunkgebühr eine unzulässige Beihilfe? Eine ökonomische Analyse, Arbeitspapiere des Instituts für Rundfunkökonomie, Heft 90, Köln 1998
Selmer/Gersdorf,	Die Finanzierung des Rundfunks in der Bundesrepublik Deutschland auf dem Prüfstand des EG-Beihilferegimes, Berlin 1994
Sichtermann	Gutes Fernsehen ist Kultur, in: *Scharping* (Hrsg.), Demokratische Medien – der Mensch im Mittelpunkt, 1995, S. 28 ff.
Stock, Martin	Der neue Rundfunkstaatsvertrag, RuF 1992, 189
ders.	Meinungsvielfalt und Meinungsmacht, JZ 1997, 583
Vesting, Thomas	Fortbestand des Dualen Systems?, K&R 2000, 161 ff.
Zubayr, Camille/ Gerhard, Heinz	Die Fußball-Weltmeisterschaft 1998 in Frankreich, Media Perspektiven 12/98, 594 ff

Studien zum deutschen
und europäischen Medienrecht

Herausgegeben von Dieter Dörr
mit Unterstützung der Dr. Feldbausch Stiftung

Peter Lang · Europäischer Verlag der Wissenschaften

Dieter Dörr

Umfang und Grenzen der Rechtsaufsicht über die Deutsche Welle

Frankfurt/M., Berlin, Bern, Bruxelles, New York, Wien, 2000. 89 S.
Studien zum deutschen und europäischen Medienrecht.
Herausgegeben von Dieter Dörr. Bd. 2
ISBN 3-631-35669-2 · br. DM 32.–*

Die Untersuchung gibt eine Antwort auf die Frage nach Umfang und
Grenzen der Rechtsaufsicht über die Bundesrundfunkanstalt Deutsche
Welle. Dabei erläutert der Verfasser zunächst die Grundsätze der Staats-
aufsicht und ihre verschiedenen Ausprägungen. Im Folgenden wird deren
Anwendbarkeit auf Rundfunkanstalten im Allgemeinen überprüft.
Weiterhin wird der Anwendungsbereich der Rundfunkfreiheit in Bezug auf
die Deutsche Welle erörtert. Schließlich setzt sich der Verfasser mit den
Grenzen der Rechtsaufsicht über die Deutsche Welle auseinander und geht
insbesondere auf das Verhältnis der Rechtsaufsicht durch den Bund zu den
anstaltsinternen Kontrollgremien ein. Abschließend wird festgestellt, welche
Arten von Aufsichtsmitteln nach dem Deutsche Welle Gesetz überhaupt in
Betracht kommen.
Der Verfasser kommt schließlich zu dem Ergebnis, daß bei verfassungs-
gemäßer Auslegung des DWG die Deutsche Welle nur einer beschränkten
Rechtsaufsicht unterliegt.

Aus dem Inhalt: (Beschränkte) Rechtsaufsicht über Rundfunkanstalten ·
Rundfunkfreiheit · Deutsche Welle als Bundesrundfunkanstalt

Frankfurt/M · Berlin · Bern · Bruxelles · New York · Oxford · Wien
Auslieferung: Verlag Peter Lang AG
Jupiterstr. 15, CH-3000 Bern 15
Telefax (004131) 9402131
*inklusive Mehrwertsteuer
Preisänderungen vorbehalten